はじめてまなぶ

第2版

盛田良久・百合野正博・朴 大栄 ［編著］

AUDITING

中央経済社

◆執筆者紹介（執筆順）

百合野正博（同志社大学名誉教授）　第１章
津田　秀雄（近畿大学名誉教授）　第２章
朴　　大栄（桃山学院大学教授）　第３章・第４章・第９章
異島須賀子（久留米大学教授）　第５章
盛田　良久（元愛知大学教授）　第６章・第10章
上妻　京子（関西大学教授）　第７章・第８章
藤岡　英治（大阪産業大学教授）　第11章
芳乃ゆうり（イラストレーター）　イラスト

読者へのメッセージ

皆さん，こんにちは。

監査論をはじめて勉強しようと思って，このテキストを手に取ったあなた。「正解です！」この『はじめてまなぶ監査論』は，文字どおり監査論をはじめて学ぼうとしている人たちのためのテキストです。

このテキストは，2007年に初版が出版されて以来５年間に４版を重ねた『まなびの入門監査論』をベースにしています。監査論の専門書はたいてい分厚くて細かい文字でページが埋めつくされています。わたしたちは，その膨大な情報のなかから入門書に必要な情報を取り出して，監査論をわかりやすくコンパクトに説明するにはどうしたらいいかを考えて編集してきました。

その後の経済社会の動きを受けて，監査をとりまく環境は大きく変化しました。法律は改正され，新しいルールも作られました。しかし，2011年には世界的に有名な日本の光学・医療メーカーの長期にわたる巨額の粉飾決算が発覚し，2015年から2016年にかけては日本を代表する巨大企業の「不適切会計」が再び日本社会を揺るがせました。国際監査基準の導入など監査の信頼性を向上させるためのさまざまな監査制度改革が行われました。このような状況を受けて，内容を一新した『はじめてまなぶ監査論』を2017年に出版しました。

第２版は各種データをアップデートするとともに，2017年以降の監査に関連する重要な出来事を反映して加筆修正したものです。使われている用語に知らないものがあれば，調べて読み進めてください。

それでは，各章の内容を簡単に説明しておきます。

第１章では，日本に財務諸表の監査制度がつくられた社会的な背景を説明します。それによって公認会計士監査の重要性が理解できます。その監査の制度を必要とする今日のディスクロージャーのしくみを具体的に説明するのが第２章です。企業と利害関係者の２つの視点から制度をみます。第３章では，どのような状況が監査を要請するのか説明するとともに，金融商品取引法と会社法という２つの法律と監査のかかわりについて述べます。

第４章では，監査を担当する職業的専門家である公認会計士についてその全体像がイメージできるように法律と理論にもとづいて説明します。公認会計士や監督官庁などについて，日本とアメリカおよび主な国際的組織をとりあげて説明しているのが第５章です。

第６章では，公認会計士が監査を実施するうえで遵守しなければならないルールである監査基準について説明します。重要な改訂の経緯についても触れます。監査の実施について具体的に説明しているのが第７章と第８章です。リスク・アプローチとよばれる今日の監査の考え方としくみについて，監査をはじめて学ぶ人にも理解できるように工夫しています。そして，第９章では，監査結果の報告について報告書の構成や内容もまじえて説明します。

第10章は，粉飾決算をうみだす動機や機会について説明するとともに，具体的事例として２つの大規模な企業不正事件をとり上げて説明します。

最後の第11章では，株式会社の財務諸表監査以外の重要な監査として，会計検査院の検査，地方公共団体の監査，非営利団体の監査，を説明します。

このテキストで勉強したあともっと監査論の勉強を続けたいと思ったみなさん，あるいは，公認会計士になりたいと思ったみなさんは，そのために出版されている専門書の学習にもチャレンジしてください。監査は，国内的にも国際的にも，社会的に重要な役割を担っています。ひとりでも多くのみなさんがこのテキストを読んで監査に関心をもってくださることを期待しています。

2020年２月

編著者　盛田　良久
百合野正博
朴　　大栄

目　次

第1章 財務諸表監査制度の成立とその目的

上場企業に代表される大規模株式会社は，グローバルな規模で世界経済に影響を及ぼすほどの大きな力を持つ重要な存在となっています。その理由は，株式会社が次のような特長をもっているからです。

① 株式や社債等の証券を発行することにより多額の資本を調達できる

② 出資者の責任を有限とすることで広く出資者を集めることができる

③ 取締役会の制度によって経営能力に優れた専門経営者を雇用できる

このような特長によって多数の投資家から多額の資本を調達することのできる大規模株式会社では，近年，企業経営の透明性を高めることに関心が集まるようになりました。同時に，公認会計士や監査法人の行う財務諸表監査についても注目が集まり，さまざまな改革が行われています。

本章では，今日行われている財務諸表監査の全般について学習する前に，日本に財務諸表監査制度が生まれた背景をたどることとします。財務諸表監査制度に対する社会的あるいは経済的な要請を知ることによって，日本社会で財務諸表監査制度の担っている重要な役割を理解することができます。

1 わが国に財務諸表監査制度がつくられた社会的背景 —第二次世界大戦後の経済政策と企業監査の重要性—

高校の政治・経済のテキストは，現代の企業についての説明のなかで，2001年に起きたアメリカの総合エネルギー会社エンロンの巨額の粉飾決算に触れています。この事件が「企業は誰のものか」という議論に火をつけ，株主の代理人として経営者が適切に会社経営を行うように監視する企業統治（コーポレート・ガバナンス）に対する社会の関心を一挙に高めることになったというのです。また，企業の組織的な不正行為や不祥事を防ぐ仕組みとして，企業の内部で社外監査役や社外取締役の積極的な登用と**内部統制**の強化が進められるとともに，企業外部との関係では株主や投資家を中心とする利害関係者への**説明責任**（アカウンタビリティ）の重視，および，迅速かつ適切な**企業情報の公開**（ディスクロージャー）と透明性の確保が進められるようになっているとも述べています（『高校政治・経済』実教出版，2015年）。

ここに公認会計士や監査法人によって行われる財務諸表監査についての説明がないのは残念ですが，もしも会計と監査がなければディスクロージャーの制度は成り立たないのです。なぜなら，ディスクロージャーは企業の取引についての膨大なデータを複式簿記で集約し，財務諸表の形式で表示・説明することによって行われるものの，財務諸表はたんに記録を集計するだけでは作成できないからです。財務諸表を作成するためには，期末に決算を行うことが必要ですし，この決算処理に経営者の判断が大きな影響を及ぼすのです。そのため，「財務諸表は記録・慣習・判断の総合的表現」といわれています。そして，経営者の判断が妥当であり，財務諸表が客観的に見て適正に作成されていることを保証するためには，独立性を備えた会計・監査の専門家のチェックつまり監査を受けることが必要なのです。このように，財務諸表監査はディスクロージャー制度にとって心臓部ともいえる重要な構成要素なのです。

政治・経済のテキストでは，さらに，企業を取り巻く利害関係者（ステークホルダー）の範囲の狭かった昔に比べて今日では消費者や地域住民を含む非常に幅広い概念で捉えられるようになったことや，それに伴って，企業は，法令遵守（コンプライアンス）はもちろんのこと，企業の社会的責任（CSR）を認識して慈善行為（フィランソロフィー）や芸術・文化支援（メセナ）を積極的に行うことが求められるようになったと述べられています。これらを行うことが企業の持続可能な成長につながるというわけです。財務諸表監査は，企業に対するこのような社会の要請を受けて，ますます重要な役割を担うようになってきているのです。

1 現在の財務諸表監査制度

このテキストで説明するのは，今の日本で法律にもとづいて行われている財務諸表監査が中心です。その制度と仕組みについては，次章以降で詳しく説明しますが，ここでは，まず，その概要をおおまかに見ておきましょう。

財務諸表監査を要求している法律は**金融商品取引法**（2007年以前は**証券取引法**）と**会社法**（2006年以前は商法）が主なものです。法律に基づかない**任意監査**とよばれる監査も行われていますが，このテキストで説明しているのは社会的に重要性の高い法定監査が中心です。金融商品取引法は投資家向けに株式や社債などの有価証券を発行している会社が財務諸表監査を受けることを強制しています。それは一般投資家が虚偽の情報に基づいて証券を購入することで損害をこうむらないようにするためです。投資家保護のための財務諸表監査といわれているのはこのような理由があるからです。

一方，会社法は資本や負債の金額の大きな会社が財務諸表監査を受けることを強制しています。その理由は，資本や負債の金額が大きくなれば利害関係者の重要性が増大するからです。なお，法律によって異なる用語が用いられる場合がありますが，実質的には公認会計士もしくは監査法人が財務諸表監査を行うことを意味しています。詳しくは第３章で説明します。

ところで，公認会計士による財務諸表監査の他にも，日本の大多数の株式会社では監査役による監査が行われています。この監査役監査は明治23（1890）年に制定された最初の商法の規定に盛り込まれて以来１世紀以上の長い歴史を有しています。しかし，今日でも監査役が独立性を持った会計・監査の専門家でなければならないと法律に規定されていないので，本書では必要に応じて触れるにとどめています。

財務諸表監査を担当するのは公認会計士と，公認会計士が５名以上集まって作る監査法人です。公認会計士は会計・監査の職業的専門家です。**公認会計士法**に基づいて国家試験が行われ，合格者が公認会計士を名乗って独占的業務を行うことを認められた職業会計士として第二次世界大戦後に新たに作られました。詳しくは第４章で説明します。

さらに，アメリカの証券取引委員会（SEC）をお手本にして平成４（1992）年に設置された**証券取引等監視委員会**は，証券市場や金融先物市場を監視するとともに，証券会社の検査や有価証券報告書等の提出者に対する報告の徴収や検査など，公正な証券取引を維持するための業務を行っています。ただし，SECとは異なって，独立した準司法機関としての強い権限を付与された特別な地位は有しておらず，金融庁に属しています。詳しくは第５章で説明します。

一方，財務諸表監査が円滑に行われるためのルールは，**企業会計審議会**が公表する**監査基準**と**日本公認会計士協会**が公表する**倫理規則**や**監査基準委員会報告書**が主なものです。前者が一般的・基本的なルールであり，後者が具体的・個別的なルールです。これらのルールに基づいて，監査人は，監査に失敗するリスクをできるだけ小さくするように心がけて監査を行います。その結果については，監査報告書のなかで監査人の考え方を説明します。大企業の財務諸表は，監査人の監査を受け，監査報告書が添付されて公表されてはじめて対外的に意味のあるものとなるのです。そして，これらのルールが改訂されてきた歴史を振り返ると，粉飾決算やアメリカの制度改革と関係の深いことが分かります。詳しくは第6章で説明します。

このような財務諸表監査は，日本社会で自然発生的に生まれて育ったものではありません。この制度が創設された背景には，実は今から70年前の非常に重要な社会的・経済的な大変革が存在していたのです。

2 財務諸表監査制度の成り立ち

わが国で財務諸表監査を生んだ社会的・経済的大変革というのは，第二次世界大戦の敗戦と敗戦後の占領政策でした。

昭和20（1945）年8月15日，日本がポツダム宣言を受諾して第二次世界大戦が終わりました。昭和6（1931）年の満州事変に始まり，日中戦争から太平洋戦争に至る長い戦争で，わが国は300万人あまりの尊い生命と国富の四分の一を失ったといわれています。

日本を占領した**連合国軍最高司令官総司令部**（GHQ）は，日本の海外侵略の原因が戦前の日本社会の仕組みの中にあるとみなしていました。明治維新で欧米の先進国に追いつくために富国強兵策が推進されましたが，軍備の強大化とは裏腹に日本国民は概して貧しかったとGHQは考えていました。そのため，秘密警察の廃止・婦人の解放・教育の制度改革等に加えて，日本国民を豊かにするための経済の民主化と労働組合の結成奨励が重要な占領政策の柱となりました。

昭和20（1945）年には三井・三菱・住友・安田をはじめとする15財閥の資産の凍結と解体が命じられ，翌年には持株会社整理委員会を発足させて持株会社や財閥家族の保有していた株式や社債を一般に売り出す，いわゆる**証券の民主化**が行われました。アメリカ人の考え方によると，国民が広く優良企業の株式を所有すれば，企業利益の分配である配当金収入が期待できるとともに，株価の値上がりによって資本利得（キャピタル・ゲイン）も期待できます。国民の収入が増えて豊かになれば，当然，国全体が豊かになります。アメリカの資本主義の成功は株式市場で資本調達をした優良企業が成長したおかげだと考えるGHQは，アメリカと同じように証券市場を整備すれば日本国民と日本国が豊かになると考えたのです。

そして，日本国民が所有することになる大量の株式を取引する市場に戦前の日本には存在していなかったディスクロージャーの仕組みを導入して整備することとなりました。これが日本における財務諸表監査の始まりです。そして，株式取引所が再開された当初，個人株主が株式を所有する割合は70％にものぼりました。

2　財務諸表監査を支える三本柱

1　アメリカのディスクロージャー・システム

日本のディスクロージャー制度のお手本はアメリカのシステムでした。アメリカでは，日本の財務諸表監査制度創設の10年あまり前の1933年と34年に連邦証券二法を制定して財務諸表監査制度をスタートさせたばかりでした。日本のスタートは戦後の混乱期の占領政策の一環でしたが，アメリカでのスタートは大恐慌という経済の大混乱がきっかけになっていました。

アメリカの経済は19世紀末から20世紀の初めにかけて大きく成長し，そのプロセスで企業の合併や買収（M&A）が盛んに行われました。USスチール（当時の株主数は約45,000人）のようなビッグ・ビジネスの中には，独占的利潤を背景にして連結決算による先進的なディスクロージャーを行う企業も現れるようになりました。1914－17年の第一次世界大戦によってアメリカ経済がさらに成長すると，T型フォードに象徴される自動車産業を中心とした大量生産・大量消費がアメリカ社会に空前の好景気をもたらしました。

黄金の20年代とよばれた1920年代，ニューヨーク証券取引所は空前の活況を呈し，株価の上昇は永久に続くかのように思われていました。しかし，1929年10月24日（暗黒の木曜日と呼ばれています）に株価が急落したのをきっかけに世界中が大恐慌に突入することとなったのです。アメリカのGDPは半減し，失業率は25％に上り，株価は80％も暴落したといわれています。

アメリカ人の投資家は，十分な情報提供がないままに株式取引が行われていたことについて政府を責めるようになりました。実際には，1920年代後半のニューヨーク証券取引所で売買されていた株式を発行していた会社の多くが会計士の監査を受けた財務諸表を公開していたと言われています。しかし，この当時は財務諸表の作成ルールや監査の基準が統一されていたわけではなく，監査を行う会計士の資格が限定されていたわけでもありませんでした。

そのため，アメリカ政府は，大恐慌から脱却するためのニューディール政策の一環として，証券の発行市場を規制する1933年連邦有価証券法と証券の流通市場を規制する1934年連邦証券取引所法を制定し，会計と監査の職業的専門家である公認会計士が独立の立場で監査した財務諸表を公表するというディスクロージャー制度を創設しました。そして，その仕組みを監視する機関として，証券取引委員会（SEC）という強い権限を有する準司法機関を設置したのです。これらの，連邦証券法，公認会計士，証券取引委員会が今日でもアメリカのディスクロージャー・システムを支える三本柱だと考えられています。

2　日本のディスクロージャー・システム

このようなアメリカのディスクロージャー・システムをお手本にしたので，日本でも，証券取引法・公認会計士・証券取引委員会がディスクロージャー・システムの三本柱と考えられました。しかし，この当時のわが国にはどれも存在していなかったため，順次これらを整備したのです。

まず，昭和22（1947）年３月に証券取引法（現在の金融商品取引法）を公布しました。証券取引法の目的として，第１条には次のように規定されています。

「第１条　この法律は，国民経済の適切な運営及び投資者の保護に資するため，有価証券の発行及び売買その他の取引を公正ならしめ，且つ，有価証券の流通を円滑ならしめることを目的とする。」

つまり，証券取引法の目的は，次のようなものです。

①　株式や社債等の有価証券の発行と流通が公正に行われるように証券市場の規制を行う
②　この規制によって公正な取引の行われる証券市場で，投資家は安心して証券投資を行うことができる
③　安心できる証券市場での取引が活発になることによって，優良企業に対する投資が企業を育てる一方，投資家には優良企業の利益の分配が配当として流入する
④　その結果，企業が成長するとともに投資家が豊かになることを通して，国民経済が発展する

有価証券が証券市場で取引される企業は，決算後に，公認会計士によって監査された財務諸表を公表します。この財務諸表で報告されている企業の財政状態と経営成績を投資意思決定のデータとして使えば，投資家は安心して証券投資を行うことができるのです。企業の側も，ディスクロージャーを行うことによって，公認会計士の監査を受けてガラス張りの経営を行っているということを社会にアピールすることができます。

証券取引法の制定に続いて，ディスクロージャー・システムを支える二本目の柱として，昭和22（1947）年７月には証券取引委員会が発足しました。しかし，昭和27（1952）年に日本と連合国との間の講和条約が発効してGHQの占領政策が終了すると，この証券取引委員会は廃止されてしまいました。そして，平成４（1992）年に証券取引等監視委員会が当時の大蔵省内に設置されるまで，わが国では実に40年ものあいだ三本柱の一本を欠いたまま運営されることとなったのです。

三本目の柱として，会計と監査の職業的専門家が必要とされました。この当時の日本には，約２万５千名が登録していた**計理士**という会計に関する職業的専門家がすでに存在していました。しかし，計理士試験に合格して資格を取得した計理士はわずか113名しかおらず，登録者のほとんどが試験を免除された人々でした。そのことを知ったGHQは最初の証券取引法では計理士に監査を行わせるとしていた規程を修正し，昭和23（1948）年には計理士法を廃止して新たに公認会計士法を制定しました。そして，最初の証券取引法の条文の中にあった計理士を公認会計士に置き換えたのです。

ここに，主たる業務として財務諸表監査を行う公認会計士という新たな会計と監査に関する職業的専門家がわが国に誕生することになりました。

そして，これらの証券取引法・証券取引委員会・公認会計士という三本柱に続いて，アメリカの「一般に認められた会計原則」と「一般に認められた監査基準」に相当する「**企業会計原則**」と「**監査基準**」を昭和24（1949）年と昭和25（1950）年に設定し，法定監査の基盤整備が行われました。そして，昭和26（1951）年から財務諸表監査をスタートさせる準備に入ったものの，証券取引法が規定していた正規の監査を実施するまでにはなお数年を要しました。

3　公認会計士監査の必要性

法律が強制したディスクロージャー制度だったにもかかわらず，日本の大企業には外部監査を受けることに対する抵抗感が根強かったため，昭和25（1950）年７月に経済安定本部・企業会計基準審議会が公表した最初の監査基準の前文

「財務諸表監査について」は，どうして公認会計士の監査を受けることが必要なのかについてていねいに説明していました。ここでは，その前文を読んで，公認会計士監査の必要性と重要性について説明します。

前文では，「1　監査の意義」の最初に，監査基準の取り扱う監査が「企業が外部に発表する財務諸表について，職業的監査人がこれを行う場合に限る」と規定していました。これは，明治時代から商法の規定にある監査役監査や，企業が独自に社内に設置している内部監査とは異なって，公認会計士という職業的専門家が行う監査だということを強調していたからです。

そして，現在でも重要な概念である「正当な注意」について「職業的専門家として当然払うべき注意をもって監査手続を選択適用し，合理的な証拠を確かめなければならない」と，ここでも職業的専門家の行う監査であることを強調し，さらに次のように説明をしていました。

> 監査人は，財務諸表に対する自己の意見につき責任を負うのみであって，財務諸表の作成に関する責任は企業の経営者がこれを負わなければならない。従って，監査人が財務諸表に対して助言勧告を与え，又は自らその作成に当ることがあるにしても，その採否は企業の経営者が決定するのであり，監査人はこれを強制することはできない。

これは，財務諸表の作成に責任を持つのは経営者であって，監査人はその財務諸表を監査することに責任を持つという「**二重責任の原則**」とよばれる考え方です。しかし，その理解は現在と大きく異なっています。監査人が財務諸表に対して助言勧告を行う「**指導性**」が重視されているだけでなく，監査人自身が財務諸表を作成することまで想定されているのです。ただし，監査人の指導を受入れるか否かの権限は経営者にありますから，もしも経営者と監査人の考え方が異なった場合には，監査人は「**批判性**」を発揮して財務諸表が適正ではないという監査報告書を作成することとなります。

「2　監査の必要性」では，現在でも非常に重要な財務諸表監査の考え方についての説明が順序を追って行われています。

まず，最初の段落では，「外部の第三者による監査」の必要性について指摘しています。

> 監査は，過去においては，不正事実の有無を確かめ，帳簿記録の正否を検査することをもって主たる目的としたものであったが，企業の内部統制組織即ち内部牽制組織及び内部監査組織が整備改善されるにつれて，この種の目的は次第に重要性を失いつつある。企業は，あえて外部の監査人をまつまでもなく，自らこれを発見するとともに，未然にその発生を防止しうるようになったからである。然（しか）しながらそれにも拘（かかわ）らず，外部の第三者による監査は，存在の理由を失うものではなく，企業の大規模化に伴い，却（かえ）ってその必要性が益々増大したことを認めなければならない。

この段落の説明の背景には次のような事情があります。イギリスでは1844年に制定された最初の準則主義会社法のなかに監査に関する規定が初めて設けられました。この規定は，1720年にイギリスの株式市場のバブルが崩壊したあおりで明るみに出た南海会社の不正事件（南海泡沫事件）のように，経営者不正によって株主が損害をこうむることがないようにするために経営者不正の摘発・防止を目的とした監査規定でした。ところが，この半世紀ほど後にアメリカ企業で会計や監査の仕事をするようになったイギリス人会計士が行った監査は，企業内部における従業員による不正・誤謬の摘発・防止を主目的とする監査でした。このような企業内部の従業員による不正・誤謬の摘発・防止といった監査機能は，企業内に内部統制が整備・運用されるようになると，内部統制がそれを担うようになるのは当然の成り行きです。

ところが，企業内に**内部統制**が整備・運用されるようになった段階で監査の役割が終わるのかというと，そうではありません。企業の内部目的の監査は企業の内部組織である内部統制でも行えますが，企業の外部の人たちのための監査は，企業の内部組織が行うことはできません。さらに，内部統制には経営者が無効化できるという固有の限界がありますから，たとえ完璧な内部統制を整備しても，経営者の作成する財務諸表を外部の人に信頼してもらうことはできません。どうしても独立性のある第三者による外部監査が必要になるのです。

そして，企業規模が拡大して証券を発行して資金調達をするようになると，財務諸表の重要性がさらに高まります。投資家が投資意思決定に用いる財務諸表が信頼されなければ，証券投資は活発に行われません。その結果，直接金融市場で効率的な資源配分が行われないこととなり，国民経済を振興するというこの制度の目的が果たされないことになってしまいます。したがって，外部監査の重要性は企業の成長に伴ってますます高まるというわけです。

しかし，このように説明が行われているものの，この当時の日本には内部統制の実態がありませんでした。そのため,財務諸表監査を実施する準備段階で,企業に内部統制を整備するということが1つの大きな目的として掲げられました。

次の段落では，外部の利害関係者のための監査の必要性が財務諸表そのものの固有の性格から生まれることについての説明が行われます。

抑々(そもそも)財務諸表は，外部の利害関係人に対して，企業の財政状態及び経営成績に関する報告を提供するための重要な手段である。従って企業は，信頼しうる会計記録を基礎とし，利害関係人に必要な会計事実を明瞭に表示して，企業の状況に関する判断を誤らせないようにしなければならない。然しながら今日の企業の財務諸表は，単に取引の帳簿記録を基礎とするばかりではなく，実務上慣習として発達した会計手続を選択適用し，経営者の個人的判断に基いてこれを作成するものであって，いわば記録と慣習と判断の綜合的表現にほかならない。財務諸表が単なる事実の客観的表示ではなく，むしろ多分に主観的判断と慣習的方法の所産であることは，近代的企業会計の著しい特徴である。

ここで使われている「**財務諸表は記録と慣習と判断の綜合的表現**」という文章は，1930年代はじめのアメリカのディスクロージャー・システム創設期に使われ始めた表現です。1910年代から20年代にかけて，重要な財務諸表は一定時点の企業の財産状態を時価で表示する貸借対照表だと考えられていました。しかし，この考え方は，銀行から融資してもらうために監査を受けた貸借対照表を銀行に提出していた中小企業には当てはまっても，大企業には当てはまりませんでした。なぜなら，まず，大企業が事業に用いる膨大な固定資産を売却時価で評価することは利益を歪めるおそれがあっただけでなく，実際に評価することは不可能に近かったからです。そのため，大企業の財務諸表を作成するためには，「発生主義」や「実現主義」という考え方に基づいて費用と収益を期間配分するという考え方が芽生えました。同時に，大企業は銀行融資だけでなく証券の発行によって資金調達を行うようにもなっていましたので，重要な資金提供者である証券投資家にとっては投資先企業の収益力を示す損益計算書が投資意思決定に役立つ財務諸表だと考えられるようになったのです。

ところが，費用と収益を期間配分して財務諸表を作成するためには，期中の取引記録を集計することに加えて決算の処理を行わなければなりません。そして，ここが重要なのですが，決算の処理では，複数認められている会計のルールのなかからどのルールを選択・適用するかによって，利益の額に代表される財務諸表の数値が変わってくるのです。つまり，財務諸表は，日々の会計「記録」だけで作成されるのではなく，「慣習」で認められた会計処理方法のどれを選択するかという経営者の「判断」が大きく影響するわけです。そのため，外部に公表する財務諸表は，独立性を有する監査人による監査を受けなければならないのです。

> 従って財務諸表は，ややもすれば公正妥当を欠き，誤謬又は不確実な要素の介入する余地が多く，財政状態及び経営成績の適正な表現が歪められ，政策的考慮によって粉飾される虞(おそ)れが少くない。それ故外部関係人の利益を擁護するためには，判断の妥当性を確かめることが必要であって，ここに職業的専門家による監査の要請される理由がある。

もちろん，多くの経営者は財務諸表を適正に作成していることでしょう。しかし，オリンパスや東芝の不正会計は私たちの記憶に新しいところです。証券投資家は，自分たちの投資意思決定に役立つ財務情報が適正なものだということを証明してくれる監査制度が必要になります。しかし，そのような監査は，誰にでもできるのかというと，そうではありません。独立性を備えた会計・監査の専門家による財務諸表監査がどうしても必要になるのです。それによって，一定水準以上の質の監査が行われることが保証され，監査制度に対する社会的信頼性が高まることとなります。次の段落で「2　監査の必要性」は締めくくられます。

> かくて企業の内部統制組織が，如何に周到に整備され，有効に運用されようとも，これをもって監査に置き替えることはできない。内部統制は不正過失を発見防止するとともに，企業の定める会計手続が守られているか否かを検査するにとどまるに反し，監査は会計記録の成否を確かめるばかりでなく，さらに「企業会計原則」に照し，公正不偏の立場から経営者の判断の当否を批判するものであって，両者はその本来の任務を異にするからである。

最後の「３　監査実施の基礎条件」では，監査制度確立のための以下の３つの前提条件が列挙されていました。

① 監査制度の成否は職業的監査人の向上発展が重要であること
② 内部統制の整備運用は経営者の当然の責務であること
③ 監査を実施するうえで取引先の協力が欠かせないこと

このように，わが国最初の監査基準は，公認会計士という職業的専門家による外部監査がどうしても必要なのだということを前文の中で切々と説明していたのです。そして，この説明は，今日でも説得力を持っていると考えられます。

それでは，第２章から今日行われている財務諸表監査の具体的な説明に進みましょう。

◆練習問題

１．次の記述のうち，正しいものには○を，誤っているものには×を付し，各々の理由を簡潔に説明しなさい。

⑴　複式簿記を用いて日々の取引を間違いなく記録すれば，正しい財務諸表は自動的にでき上がります。

⑵　企業の内部統制組織が完璧に整備され運用された場合には，外部の監査を受ける必要はありません。

⑶　監査を行う人の独立性が確保された場合には，たとえその人が公認会計士でなくとも財務諸表監査を依頼することができます。

⑷　日本の財務諸表監査制度は，第二次世界大戦後の占領政策の一環としてアメリカの制度をお手本として創設されました。

⑸　上場企業に公認会計士または監査法人の外部監査が強制されているのは，国民経済の振興のために証券市場が適切に運営されることによって証券投資家を保護するためです。

２．次の文章の空欄にもっとも適切な語句を入れて，文章を完成させなさい。

今世紀に入り，株式会社の（ア）に対する社会の関心が高まり，組織的な企業不正や企業不祥事を防ぐ仕組みとして社外監査役や（イ）の積極的な登用と（ウ）の強化が進められるとともに，利害関係者への（エ）の重視，および，迅速かつ適切な（オ）が進められるようになっています。

《解答》

１．

⑴　×　たとえコンピュータによって取引記録の自動化が進んだとしても，決算処理を行う際に経営者の判断が介入します。そのために,「財務諸表は記録と慣習と判断の総合的表現」といわれていて，外部に公表するためには公認会計士または監査法人の監査を受けることが必要となります。

⑵　×　たとえ内部統制が完璧に整備・運用されても，それは企業の内部組織であって，経営者によって無効化されるおそれがあるという固有の限界を有しているので，外部の第三者による監査を受けることが必要となります。

⑶　×　財務諸表監査を行う人には，独立性を備えることに加えて，会計・監査の職業的専門家であることが求められます。職業的専門家が監査を行うことによって，一定水準以上の質の監査が行われることが保証され，監査制度に対する社会の信頼性が高まることとなります。

⑷　○　本文の４～８ページを参照してください。

⑸　○　本文の４～８ページを参照してください。

２．ア．コーポレート･ガバナンス，または，企業統治，イ．社外取締役，ウ．内部統制，エ．アカウンタビリティ，または，説明責任，オ．ディスクロージャー，または，企業情報の公開

第2章 経済社会を支える財務情報

企業が活動していくために必要とする資金の入手方法として，間接金融方式よりも直接金融方式の比重が高まってくると考えられています。その際，企業価値を示す財務情報が適切な時期に，適切な内容で公開される必要があります。それは有価証券の公正な価格を知ることのできない一般投資家が予想しない損害をこうむるおそれがあるからです。一般投資家が不安なく投資行動を起こせるようにするためには，経営者等がもつ財務情報を公開させ，投資家との間の情報格差を解消することが必要です。

企業の財務情報が公開されることにより，投資家は資本効率のよい企業を選んで投資することができます。また，新しい分野で起業しようとするベンチャー企業についても，財務情報が公開されることで，投資家は成長が見込める企業を選別し，投資をすることができます。財務情報の公開は，社会全体として見た場合，有限の資源の利用効率が高まるという経済効果を生じさせることを意味します。さらに，企業を取り巻くステークホルダー（利害関係者）にも企業の状況を示す財務情報が公開されることにより，それぞれの利害をよりよく擁護することができるようになります。

本章では，このような企業の状況を示す財務情報が公開される社会経済的意義と財務情報の公開にかかわる種々の制度を学習します。

1　企業の資金調達形態の多様化

企業規模が大きくなり，企業経営の継続性への信用度が高まると，企業は長期的な資金を求めて次第に株式や社債券等の有価証券を証券市場で発行し，その買い手である投資家から直接に資金を得るようになります。企業が必要とする資金の調達方式は，次に示す①から②へと重点を移す傾向がみられます。

① **間接金融方式**（銀行等の金融機関を介する資金調達）
② **直接金融方式**（証券市場を通じた投資家からの直接的資金調達）

移行の背景には，バブル経済の崩壊による銀行の経営体力の低下や金融自由化の動向等があります。このような社会経済的状況のもとで，企業は資本コストの低い資金をより多く市場から調達するために，つぎのような多種多様な金融商品を開発し，発行するようになっています。

① 優先株式（利益配当金等を普通株式の保有者（普通株主）よりも優先して支払う株式）
② 転換社債型新株予約権付社債（当初は社債として売り出されるものの一定期間経過後には株式に転換する権利を付与した社債）
③ ワラント債（社債に株式購入の権利をオプション（選択権）として付加した新株予約権付社債）

2 貯蓄から投資へ―個人金融資産の動き

21世紀に入ると，国は『貯蓄から投資へ』というキャッチフレーズで，国民に個人金融資産を株式投資に回すように奨励しています。金融資産の平均保有額は単身世帯744万円，２人以上世帯では1,430万円になっています。

日本の個人金融資産は，アメリカと比較すると，預貯金が半分を占めています。日本における金融資産（家計部門の金融資産残高）の合計額は，**図表２－１**の通りです。個人金融資産の中身についての学習は皆さんにまかせるとして，家計部門の個人金融資産が今後，どのような配分のもとに，どのように運用されていくかはマクロ的にも，個人的にも重要な問題です。

図表２－１　個人金融資産

	2017年12月末	2018年12月末	2019年６月末	
	前年比	前年比	前年比	構成比
残高	1,861（兆円）	1,843（兆円）	1,860（兆円）	1,860（兆円）
金融資産　計	4.1%	▲1.0%	▲0.1%	100.0%
現金・預金	2.6%	1.6%	1.9%	53.3%
債券	0.3%	▲0.3%	3.6%	1.3%
投資信託	4.4%	▲12.4%	▲3.7%	3.8%
株式・出資金	25.5%	▲12.6%	▲9.7%	10.5%
保険・年金準備金	0.8%	0.3%	0.5%	28.3%
その他	▲2.7%	2.4%	▲0.5%	2.8%

（出所）日本銀行調査統計局『資金循環統計，2019年第２四半期速報：参考図表』（2019年９月20日）所載の「図表３－１　家計の金融資産」を簡略化して引用。

3　取引の公正性の確保方法

1　一般投資家とはどのような人か

投資対象とされる金融商品には必ずリスクが伴います。したがって，一般投資家が企業の経営状況などを示す財務情報を知ることが必要です。そのために透明な情報公開が社会的な仕組みとして制度化されることが不可欠です。

それではどのような投資家を想定してディスクロージャー制度を立案すればよいのでしょうか。短期間に売買を繰り返し株価変動による利ざや稼ぎをねらったり，ハイ・リスク，ハイ・リターンの金融商品の値上がりに賭ける投機家が幅を利かせる証券市場は健全な証券市場とはいえません。

健全な証券市場で想定される投資家とは，株式や社債等を発行する企業の状況を示す財務情報をもとにして投資する投資家が想定されています。しかも，実際に株式や社債を保有する現在の投資家ばかりではなく，現在は株式や社債等を保有していないけれども，機会があればいつでも株式や社債等を購入する意思をもった**潜在的な投資家**も含みます。

健全な資本市場で想定する投資家＝現在の投資家＋潜在的な投資家

そして，有価証券を売買する意志と購入資金をもっている人であれば誰でも売買に参加できる市場が存在しているので，投資家にはすべての人びとが含まれています。

そのため，投資家を保護するには，潜在的な投資家をも含めたすべての投資家を保護の対象としなければなりません。しかし，制度設計のためには具体的な投資家像を想定する必要があります。投資家とは，どのように行動する人なのか，その人が合理的な行動をするためにどのような情報を必要としているのか，などを具体的にイメージした上で制度設計しなければなりません。

監査論において議論されてきた投資家像には，情報の収集能力と情報の解析能力とから，次の３つのモデルがあります。

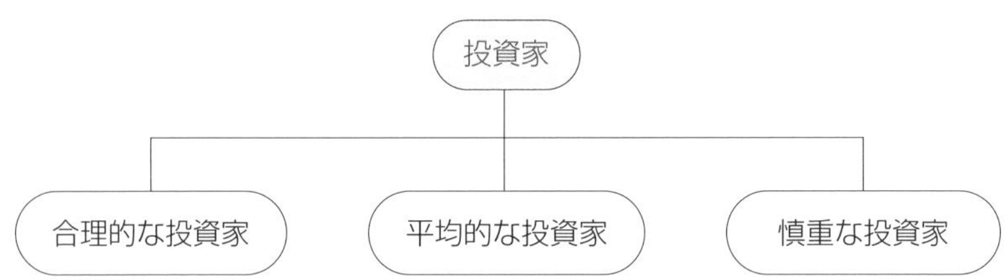

「**合理的な投資家**」とは，古典派経済学が考える「経済人」(homo oeconomicus)を想定します。そして，合理的な投資家とは，①有価証券の売買取引にかかわる投資意思決定のために必要な情報をすべて入手することができ，②入手した情報を一瞬のうちに処理し，③その時点で最も合理的な行動をとることができる，という行動仮説に立脚した投資家像です。この投資家像に近いものとしては銀行業や保険業等の金融機関を中心とした機関投資家といわれる投資家があげられます。金融商品取引法では「**特定投資家**」とされるクラスの投資家で，自己責任原則のもとで，自ら適切なリスクの評価・管理ができるとされています。しかし，企業価値を判断するに足る財務情報を十分に開示しないならば，合理的な投資家であっても，投資判断を行うことはむずかしいでしょう。

多くの投資家は，合理的な投資家のように意思決定に必要な情報をすべて入手し，合理的とされるいくつかの方策を即座に比較検討して行動を起こすことはかなり困難です。現実には，企業経営に直接には関与しない投資家が入手できる情報量は限られています。さらに，すべての投資家が合理的な行動を探りあてるのに十分な財務情報の解析能力を有しているとはいえず，ときには非合理的な行動がないわけではありません。そこに一般投資家を「**平均的な投資家**」とする状況が存しているといえます。

しかし，この場合でも，どのような人々を具体的な対象として「平均」を導き出すかが問題です。現状では，「限定された合理性」(bounded rationality) を前提とした投資家像である「**慎重な投資家**」をモデルとして，一般投資家の行動仮説を想定していく考え方を採用せざるを得ないと思われます。このモデルでは，投資家は合理的な投資行動を採ることを望んでいますが，情報の入手能力や処理能力の不完全性のために完璧には合理的に行動することはできないという限界を有しているとされます。

2　一般投資家を保護しなければならない理由

「慎重な投資家」像の投資家とは，資金提供に対するリターンとして銀行預金の利子よりも有利な配当金や社債利子（インカム・ゲイン）の受取りを期待し，さらには購入した有価証券の価格の上昇による利得（キャピタル・ゲイン）の獲得を期待する投資家です。しかし，一般投資家には，情報の収集能力や解析能力に制約があります。そのため，企業業績の悪化を予測できず，結果として，有価証券の価格の下落によるキャピタル・ロスを負担させられ，最悪の場合には企業の破綻による損失の最終的な負担者とされるかもしれません（もっとも，株式会社の場合には出資額を限度とするものとされています)。いずれの場合においても，特定投資家と同じく，一般投資家にも自己が行った投資の結果について自らが責任を負うという自己責任原則が適用されます。

一般投資家に対して自己責任原則を負担させるには，その前提として一般投資家が情報を得て，合理的な判断ができるように資本市場のインフラとしてのディスクロージャー制度を整備することが必要となります。

企業の経営者は，自らが意思決定し，業務執行を行いますから企業に関する情報を知り得る地位にあり，情報優位者の立場にあります。他方，一般投資家は企業経営に関与しないために，情報に精通しているとは必ずしもいえず，情報劣位者という基本的に不利な立場に置かれています。

この企業経営者と一般投資家との間に存する**情報格差**（情報の非対称性）を放置したままでは，情報優位者である企業経営者は情報劣位者である一般投資家が情報に精通していないことにつけ込んで利得を得るかもしれません。この場合，価格メカニズムによる市場取引の公正性が損なわれているといわざるを得ません。取引当事者間の公正な価格情報に基づく対等な取引を実現するために，企業経営者と一般投資家との間に存在している情報格差の解消を図る方策が問題となります。

一般投資家が適切な情報を得られないために不測の損害をこうむるかもしれないという投資リスクを懸念して証券市場への参加意欲を失ってしまうと，企業活動の維持・発展のために必要とされる資金が企業に十分には供給されず，そのために企業活動が停滞する可能性が生まれます。社会全体としての資源の適正な配分がなされなくなるという事態が現実のものとなるかもしれません。

企業価値に係る情報の公開は，一般投資家の保護というミクロ的なレベルに止まらず，マクロ的にも社会経済の健全な発展のために必要です。

金融商品取引法は，この２つを含めて，次のように同法の立法趣旨を規定しています。

金融商品取引法 第１条

この法律は，企業内容等の開示の制度を整備するとともに，金融商品取引業を行う者に関し必要な事項を定め，金融商品取引所の適切な運営を確保すること等により，有価証券の発行及び金融商品等の取引等を公正にし，有価証券の流通を円滑にするほか，資本市場の機能の十全な発揮による金融商品等の公正な価格形成等を図り，もつて国民経済の健全な発展及び投資者の保護に資することを目的とする。（下線筆者）

この金融商品取引法第１条の内容を図解すると，次のようになります。

図表２－２　金融商品取引法の目的と手段

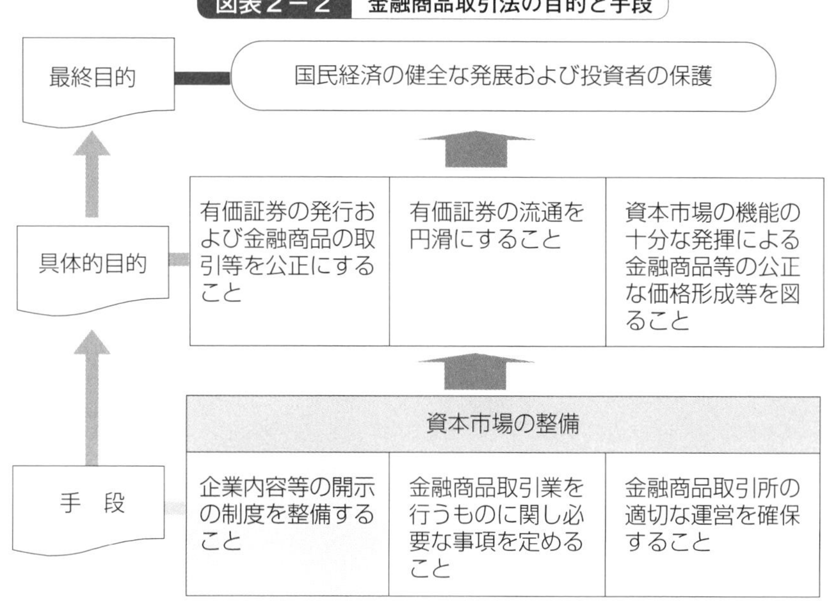

ここでは，アミカケ部分のディスクロージャー制度を説明することにします。

3　ステークホルダーが必要とする情報

企業には，一般投資家（潜在的投資家を含む）の他に，債権者，税務当局，当該企業の経営者および従業員等々がステークホルダー（利害関係者）としてかかわっています。これらの人々はどのような財務情報を必要としているのでしょうか。個々のステークホルダーが求める情報は異なりますが，投資家向けの財務情報が一般的情報として制度化される理由を解き明かしましょう。

▶投資家の情報ニーズ

投資家は，投資対象とされる株式や社債の価額に影響する企業の業績予測情報に関心を寄せますが，将来の業績予測には不確実性が伴います。このために，投資家は将来の収益力やキャッシュ・フローの状況を予測するのに有用な事項をできるかぎり考慮に入れて不確実性を減少させる財務情報の公開を期待します。一方，株主は，当面の企業業績の状況に関連する株価の動向や配当金の多寡に関心をもっています。

▶債権者の情報ニーズ

銀行等の金融機関が典型的な債権者です。その他に商品，製品，原材料等の代金をまだ支払ってもらっていない仕入先や未払金の相手方も債権者に含みます。債権者は，企業の存続が疑われる状況下では，その債権の回収を図るために換金価値で測定された企業財産の多寡を問題とします。しかし，企業が健全に経営されているかぎり，通常は，債権者の企業に対する債権が支払うに足る財務的流動性があるかどうかを問題とします。ゴーイング・コンサーン（継続企業）の前提が成立しているかどうかに関する情報やキャッシュ・フローの状況に関する情報は財務諸表を通じて開示されます。

▶税務当局の情報ニーズ

税務当局は，企業の所得（利益）等に対する課税関係を通じて企業と利害関係を有しています。課税が適正に行われるためには，適正な課税所得が算定されなければなりません。課税所得は確定決算主義を基礎に計算しますから，税務当局は公開される財務情報の適正性に利害関係を有しています。

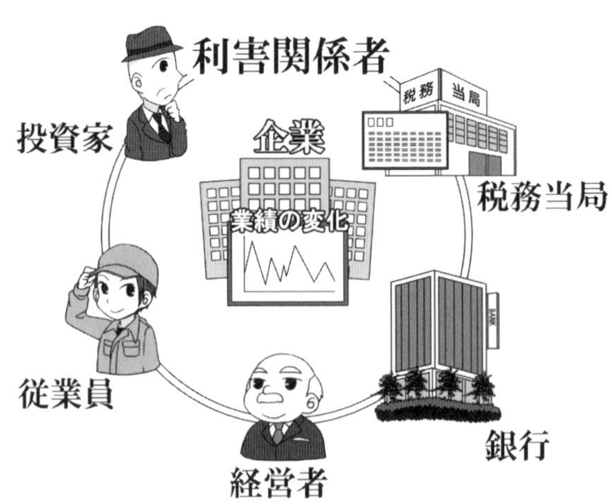

▶経営者の情報ニーズ

経営者は，経営を委託した株主に対して受託責任を十全に果たしていることを株主総会で報告して受託責任の解除を受け，あるいは引き続き経営に当たる信任を得るために，経営業績を示す財務情報を必要とします。

▶従業員の情報ニーズ

企業の従業員は，企業の損益状況，労働分配率，付加価値の配分状況などの財務情報により，同業他社の従業員と比較して遜色のない賃金・給与水準にあるかどうかの判断資料を得ることができます。

以上，各種のステークホルダーが求める情報はおおむね財務諸表等の財務情報を通じて開示されます。企業のゴーイング・コンサーンの前提が認められるかぎりは，いずれのステークホルダーの情報ニーズも一般投資家向けに開示される財務情報を流用することによって満たされるといえます。そこに，一般投資家向けの財務情報が企業の状況を示す一般的情報として取り扱われる理由があります。

4　情報の信頼性の保証

健全な資本市場を維持・発展させるためには，①証券の発行市場においては証券の発行者とその引き受け手との間に存する企業価値に関する**情報格差**の解消，②証券の流通市場においては証券の売り手と買い手の間に存する企業価値に関する情報格差，をそれぞれ解消しなければなりません。そのために，ディスクロージャー制度を整備し，次の２つの問題を解消しなければなりません。

①　公開すべき情報が過不足なく公開されているかどうかという情報の量的問題
②　公開される情報が信頼するに足るものであるかどうかという情報の質的問題

監査は，これらが満たされているかどうかを第三者の立場から検証し，保証する活動です。すなわち，情報公開システムにこの**保証機能**を果たす監査システムがサブ・システムとして織り込まれることにより，情報劣位にある取引当事者といえども企業価値を評価するために必要十分な情報を得ることができます。

4　ディスクロージャー制度の拡充

1　インサイダー取引の禁止

たとえば，会社の経理担当者が財務諸表を作成する段階で，自社の売上高，経常利益が事前の予想以上に好調であることを知った場合，その事実が一般に公表される前に，個人として自社の株式を売買し，多額の利益を得たとすれば，その行為は公正性を欠くものとして非難されるでしょう。

インサイダー（内部者）とは，上の事例では経理担当者です。一般的には，1）会社の役職員，2）主要株主（10％以上の株式保有），3）大株主（3％以上の株式保有），4）関係会社の役員等の特別な地位にある会社関係者及びこれらの者から情報を受領した者，5）非公開の重要事実を知った者です。

これらの者は，一般投資家が未だ知らない重要な事実（内部情報）を一般投資家よりも早く知ることができるという情報優位者の地位にあります。その立場を利用して，その事実が公表される前に有価証券の売買取引を行って利益を得ることは，情報劣位にある一般投資家の証券市場への信頼を著しく失わせる行為となります。資本市場の規律と公正性を維持するための仕組みが必要になります。そのため重要な企業情報が公開されるまでは，インサイダー等による取引は禁止されています。

この規制の趣旨から，インサイダー取引の禁止期間は，「重要な事実」が公表され，その事実が情報劣位にある一般投資家も知り得る事実となることによって，会社関係者等がインサイダーであることで享受する情報優位性が解消するまでの期間とされています（旧証券取引法のもとで，1989年4月から規制され，同年12月にはさらに規制対象とされる範囲の拡大や重要事実とされる項目の追加などがなされています）。

2　ディスクロージャー制度拡充の必要性

「インサイダーとしての優位性が解消するまで」とは，インサイダーがもつ情報の優位性は永久に継続するものではないということを前提としています。情報の優位性の消滅ないし減退をたんに時間の経過による自然的な成り行きにまかせて待つのではなく，あるいは情報の漏洩（ろうえい）やうわさ話というようなことでいつとはなしに誰もが知るところとなっているということではなく，組織的に公平かつ早期に周知させる必要があります。このためには，情報優位にある経営者が情報劣位にある一般投資家に向けて「重要な事実」の発生を積極的に公開し，それによって一般投資家の情報レベルを情報優位者である経営者と同等と見なせるところまで引き上げる方策を採る必要があります。具体的な措置としては，たとえば，東京証券取引所では「適時開示情報閲覧サービス」という情報公開を促す制度を設けて，「重要な事実」をできるかぎり早く公表し，周知を図るようにしています。

> インサイダー取引で規制される「重要な事実」とは，企業と株価に重要な影響を及ぼす事実です。これは，①会社の合併，事業の譲渡などのように取締役会での決定事実，②新製品，新技術のような発生事実，③売上高の減少，費用の予想外の増加等による利益の減少などの決算事実，④子会社の業績の悪化等の子会社の重要事実，さらに，⑤上記のほか，「運営・業務または財産に関する重要な事実であって，投資家の判断に著しい影響を及ぼすもの」に区分されます。これらの「重要な事実」は，東京証券取引所の適時開示情報閲覧サービスのサイトに掲載され，これが最も早い「重要な事実」の公表時点とされています。

5　企業情報の開示範囲の量的拡張

今日では，企業活動が企業グループによって営まれることが常態化しています。公開される企業情報の範囲をその会社単体ではなく，子会社や関連会社を包括した企業グループ全体に拡大しなければ，企業グループ全体として営まれる企業活動の実質的な全貌を知ることができません。そのために，企業グループ全体を一個の組織体とみなした連結財務諸表の作成･公開が必要とされます。連結財務諸表の制度化は，昭和50（1975）年６月設定の「連結財務諸表原則」とそれを受けた昭和51（1976）年10月制定の「連結財務諸表の用語，様式及び作成方法に関する規則」によって制度化されました。

その後，企業グループの活動状況をより正確かつ詳細に反映させるために，事業の種類別，製品市場別，所在地別の区分単位ごとに区分表示するセグメント情報の整備・拡張等にかかわる数回の改訂がなされました。さらに平成12（2000）年３月期決算からは，企業活動が企業グループによって営まれることが常態となっていることを反映して，連結財務諸表を主とし，個別財務諸表を従とする体制に移行することとされました。

連結の範囲は，50％を超える持株比率の会社を子会社とする持株基準から，親会社の支配力や影響力が強ければ連結範囲に含める実質支配力基準（完全連結の場合）および影響力基準（持分法連結の場合）に変更されています。これにより連結範囲に含むべきかどうかの判断が実質的観点から行われることとなり，その結果，形式的な持株基準では排除されていた企業も連結範囲に加えられ，監査対象に加えられる被連結会社の数が増加しました。これにより，子会社・関連会社との取引を通じての利益操作を防止するという連結財務諸表の作成・公開に伴う監査効果もより一層高められたといえます。

6　企業情報の開示頻度の増加

企業業績は，経済環境や事業構造の変化により短期間に大きな変化をみせるようになっています。このために企業業績等に係る情報を適時かつ迅速に開示することが求められ，年度末の連結財務諸表（有価証券報告書に掲載される）の作成・公表という情報提供機会に加えて，さらに四半期財務諸表（四半期報告書に掲載される）の作成・公表が求められています。

証券取引所は，定期的な開示の頻度を高めて適時開示の充実を図り，投資家による合理的な判断をよりいっそう促すという要請に応じるために，自主ルールである「上場有価証券の発行者の会社情報の適時開示等に関する規則」（適時開示規則）を設定しています。まず，平成11（1999）年11月に東京証券取引所は新興企業のためのマザーズ市場の上場会社に対して，四半期の財務・業績の概況を記載した**四半期財務情報**の作成・公開を義務づけました。その後，原則として平成16（2004）年４月以後に開始する事業年度から四半期財務情報の作成・公開をすべての上場企業に義務づけてきました。しかし，これらは，当時の証券取引法の規定による法定開示ではなかったために強制的な監査はなされていませんでした。さらに，適時開示に虚偽記載があったとしても証券取引法上の罰則の対象とならず，また，同法に基づく民事責任（損害賠償）も問えないという問題がありました。

このため，**金融商品取引法**（2006年６月成立）は，すべての上場会社等に対して，①四半期財務諸表の提出，②公認会計士／監査法人による監査証明（四半期レビュー）を受けることを義務づけました。

四半期財務諸表の範囲は，①四半期連結貸借対照表，②四半期連結損益計算書，③四半期連結キャッシュ・フロー計算書とされています。ただし，四半期連結財務諸表を開示する場合には，四半期個別財務諸表の開示は要しないとされました。さらに，株主資本の金額に著しい変動があった場合には，主な変動事由を注記事項として開示することとされています。

この他に，重要な事実が生じたときに臨時的な開示を行うことで開示頻度を高め，適時かつ迅速な開示を図るために臨時報告書の提出，証券取引所の自主規則により決算短信が制度化されました。

7　ディスクロージャー制度

財務情報を開示する制度には，**図表２－３**のようなものがあります。

図表2－3　情報開示制度

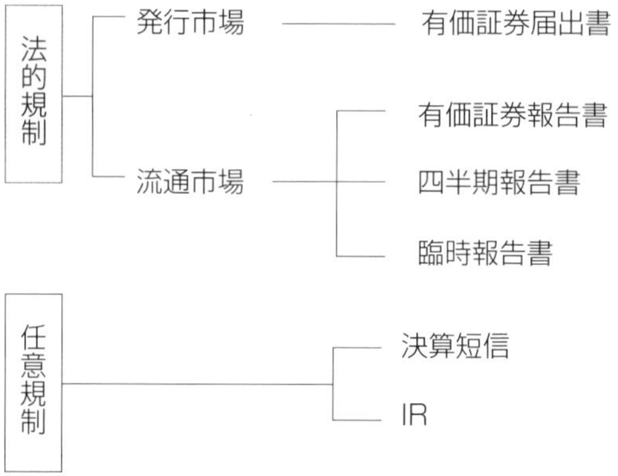

法的規制	発行市場	有価証券届出書
	流通市場	有価証券報告書
		四半期報告書
		臨時報告書
任意規制		決算短信
		IR

以下，各々について説明します。

1　有価証券届出書

有価証券届出書は，1億円以上の有価証券（株券や社債券など）の新規発行（募集または売出し）を行う際に，有価証券の発行者が内閣総理大臣（実務的には財務（支）局）に提出することを義務づけられている書類です。それには，有価証券を発行する会社の営業状況や事業の内容，および有価証券の発行条件などを記載します。

ただし，企業情報の記載については，少額募集の場合の特例として簡略化が認められています。1年間継続して有価証券報告書を提出していることという継続開示要件を満たしている場合には直近の有価証券報告書等を組み込んで代用する組込方式や，さらに継続開示要件に加えて企業情報が既に公衆に広範に提供されていることという周知性要件をも満たしている場合には有価証券報告書等を参照すべき旨の記載をするだけで有価証券届出書において記載したものとみなされる参照方式も認められています。

2　有価証券報告書

有価証券報告書は，上場会社，店頭登録会社（店頭管理銘柄発行会社を含む），

有価証券届出書提出会社，その他過去５年間において事業年度末日時点の株主数が500人以上となったことがある有価証券の発行者が，毎事業年度終了後３ヵ月以内に提出することを義務づけられている書類です。そして，当該有価証券の発行者の事業年度ごとに当該事業年度の営業および経理の状況その他の事業の内容に関する重要事項を記載します。報告書は，原則として電子的方法（EDINET）による提出が義務づけられています。

3　四半期報告書

金融商品取引法は，上場会社等に対して３ヵ月ごとに区分した期間ごとに，各四半期終了後45日以内の政令で定める期間内に**四半期報告書**を内閣総理大臣に提出することとしています。また，情報の品質保証にかかわる問題である公認会計士・監査法人の関与は，情報公開の適時性と迅速性を確保する必要があるために**四半期レビュー**による保証手続を採用することとされています。

4　臨時報告書

臨時報告書は，有価証券報告書提出会社において，企業の内容に関して重要な事実が臨時に発生したときに，その発生の都度，適時に開示することを求める制度で，有価証券報告書および四半期報告書による定期的な開示制度を補完するものです。たとえば，①重要な災害が生じたとき，②親会社，特定子会社あるいは主要株主に異動があったとき，③一定の訴訟が提起されたとき等々の場合に，遅滞なく内閣総理大臣に提出することが義務づけられています。

5　決算短信

決算短信は，株式等を上場している企業が，決算発表時に作成する各社共通形式の決算情報で，貸借対照表・損益計算書等を記載します。１事業年度における経営成績と決算時の財政状況を見ることができます。証券取引所の記者クラブを通じてマスメディア各社に発表するほか，自社のホームページに掲載する会社もあります。

6 IR

IR（Investor Relations）は，企業が株主や投資家に対し投資上の判断に必要な情報を開示することをいいます。従来は機関投資家やアナリストなどの専門家向けにどれだけ企業を理解してもらい，よい評価をもらえるかが重要とされ，そうした人々を対象とする説明や資料の送付等が多く見られました。最近は個人投資家を無視できなくなってきたことから，個人投資家向けのIR活動が重要視され始めました。情報開示の手段としてインターネットを利用することにより簡単に多くの投資家に情報を配信できることから，インターネット上の自社のホームページに企業業績にかかわる財務情報のほか，その解説や重要な企業の状況に関する情報を掲載する事例も増加しています。

8 電子媒体による開示

会社が開示する企業内容等に関する情報の迅速かつ広範囲にわたる周知を図るために，電子媒体による開示が進められています。

1 EDINET

EDINET（Electronic Disclosure for Investors' Network）は，金融庁の行政サービスの一環として平成13（2001）年６月から正式に運用が開始された電子開示システムで，提出された開示書類について，インターネット上のホームページにおいて有価証券報告書などの閲覧を可能とするシステムです。電子開示手続には，原則的に電子開示しなければならない「**電子開示手続**」と電子開示をするかどうかは会社の任意とされる「**任意電子開示手続**」があります。有価証券届出書，有価証券報告書，四半期報告書等は原則的に電子開示しなければならないとされています（強制適用）。また，有価証券通知書，発行登録通知書，大量保有報告書等は「**任意電子開示手続**」によるとされています。

2　TDnet

TDnet（Timely Disclosure Network）は，上場会社が開示する企業内容等に関する情報の公平かつ広範な伝達を目的として，東京証券取引所が開設している「適時開示情報伝達システム」です。上場会社が登録した開示資料は開示時刻に報道機関のTDnet端末に配信されます。また，開示資料のうち投資判断上重要なものは東証ホームページから無料でアクセスできる「適時開示情報閲覧サービス」で，リアルタイムで閲覧できるほか，TDnet DBS（TDnetデータベースサービス）からもリアルタイムで閲覧できます。

3　EDGAR

EDGAR（Electronic Data Gathering, Analysis, and Retrieval system）は，アメリカの証券取引委員会（SEC）が管理・運営する法定開示書類の電子開示システムです。これは発行会社から法定開示書類の提出を受ける「受理・受領システム」，提出された法定開示書類を審査する「審査・分析システム」，法定開示書類を一般投資家に公開する「情報伝達システム」から構成されています。SECに提出するすべての法定開示書類（外国会社を除く）はこのシステムを利用して提出することが義務づけられています。このシステムを通じて開示された法定開示書類は，SECのホームページから閲覧することができます。

◆練習問題

1．次の記述のうち，正しいものには○を，間違っているものには×を付し，各々の理由を簡潔に述べなさい。

(1)　健全な資本市場で保護されるべきものとして想定されている投資家は，実際に株式や社債券を保有する投資家です。

(2)　企業の状況について，十分な情報を得ている者と得ていない者がいることはやむを得ないことです。証券市場に参加する者はこれを承知したうえで，自己責任のもとに参加しなければなりません。

(3)　インサイダーとは，会社内部の役員や従業員あるいは主要株主等を意味しており，たまたま融資業務に関連してこれらの者から内部情報を知り得た銀行員はインサイダーではありません。

(4) 四半期財務諸表は年度末の財務諸表と異なり，レビューという監査証明を受けなければなりません。

(5) 金融商品取引法は，金融商品等の公正な価格形成等を図り，もつて投資者と債権者の保護に資することを目的として制定されました。

2．次の文の空欄にあてはまる語句を入れ，文章を完成しなさい。

企業の状況を示す財務（ア）の公開は，最終的な資金の出し手となる（イ）の資金を，資本効率がよく，したがって株価等の上昇，あるいは利益配当金の増額などが期待される企業に投資させます。逆に資本効率が悪いために株価等の上昇や利益配当金の増額が見込めない企業には投資させないことによって，社会全体として効率よく運用されるところに資金が集まり，結果的に経済資源の適正利用が促されるという経済効果を生じさせます。しかし，一般投資家の（ウ）には制約があります。

また，（エ）といわれる会社の役職者や主要株主などの会社関係者やこれらの人々と接触する機会をもつために重要な事実を知りうる立場の人々と対等に取引をするためには，企業の状況に関する情報の（オ）が必要とされます。

《解答》

1．

(1) × 保護対象とされる投資家は，現実に株主や社債券保有者となっている投資家だけでなく，関心をもち投資機会をうかがっている潜在的投資家も含まれます。

(2) × 情報格差が存する状態を放置すると，十分な情報を得ることができない一般投資家といわれる人々はおそらく証券市場に参加しなくなります。このことは企業にとっても企業活動に必要とされる資金を得ることが困難となることを意味します。このような状態を招かないために情報の公開による情報格差の是正と情報優位にある内部取引者の取引規制が必要とされます。

(3) × インサイダーとは，企業内部の会社関係者を意味するだけでなく，それらの者から地位や身分等により他の一般投資家に先駆けて内部情報（一般投資家が未だ知らない重要な事実）を知り得た者も含んでいます。本問の銀行員はまさに後者のケースです。

(4) ○ 年度末の財務諸表は監査による監査証明を受けなければなりません。四半期財務諸表については，監査ではなく四半期レビューによる監査証明とされています。

(5)　×　金融商品取引法は，金融商品等の公正な価格形成等を図ることを通じて，国民経済の健全な発展および投資者（社債券保有者を含む）の保護に資することを目的としています。

２．ア．諸表，イ．投資家，ウ．合理的な行動，エ．内部者，オ．開示

第3章 監査を要請する法律

皆さんは高校で世界史を履修しましたね。1929年10月24日（木）を知っていますか？　別名，暗黒の木曜日。そう，世界大恐慌の始まりです。

ニューヨーク証券取引所（NYSE：New York Stock Exchange）での株価の大暴落はまたたく間に世界に広がり，社会を不安に陥れました。銀行を含む多くの有名企業が倒産しました。企業が作成した財務諸表のなかには大規模な粉飾が行われていたものもあったのです。大きな利益を計上していた企業が支払不能に陥り，株券がただの紙切れとなりました。

1933年１月，NYSE理事長が声明を出しました。NYSEに上場を申請する時，また毎決算期に，監査済財務諸表の提出を義務づけたのです。さらに，同じ年に連邦有価証券法（Securities Act of 1933），翌年には，連邦証券取引所法（Securities and Exchange Act of 1934）が制定され，NYSEの声明が法律として義務づけられるに至りました。世界最初の上場会社の法定監査です。

今日，公認会計士（監査法人）が実施する監査には，法律によって強制される監査と任意で実施される監査とが混在しています。監査を強制する法律にはどのようなものがあるのでしょう。また，監査はそれを義務づける法律だけでは，実施できません。法定監査を実効あるものにするためには，監査環境を整備するその他の法律も必要です。

本章では，日本の監査を要請する法律について学習します。

1　監査の必要性と法定監査

1　利害の対立と解消

私たちはひとりでは生きていけません。つねに多くの人々，集団の中で生きています。ひとりの行動，集団の活動がお互いに影響を及ぼしあって生きているのです。このような社会では，特定の人・集団の行動によって，周囲の人・

集団が利益を得る場合もあれば損害をこうむることもあります。往々にして，一方の利益は他方の損害を招くこととなります。このような人・集団の関係を**利害の対立**ないし**利害の衝突**（conflicts of interest）と呼びます。

私たちは本能的に損害を避けようとします。利害の対立関係のもとで損害を回避する方法の１つは，利害関係を結ばないことです。しかし，これでは社会は成り立ちません。利害関係を結ぶことによって私たちは日々の生活を送ることができるのです。

損害を避けるいま１つの方法は，利害対立の本質を見極め，相互の間で対立の解消ないし緩和を図ることです。お互いのおかれた状況について話し合い，相互理解を深めることです。そこでは情報の交換が行われます。

経済的利害関係のもとでは，利害の対立は，一方の経済的利益が他方の経済的損失につながることから生じます。利害対立の解消ないし緩和を図るための情報の交換の多くは会計数値を通じて行われます。

経済的利害関係の代表は，経済主体である企業とその周囲に存在する**利害関係者**です。両者の間に存在する利害の対立は，時には，社会に計り知れない損害を生じさせます。企業倒産をともなう経済恐慌が際たるものです。企業と利害関係を結ぼうとする者は，利害の対立から生じる経済的損失を避けるために企業に関する情報を入手する必要があります。企業が公表する財務諸表がその代表です。利害関係者は財務諸表によって企業の現状を知り，ある者は企業と利害関係を結ぼうとし，またある者は利害関係を解消しようとします。利害関係者の意思決定に大きな影響を与えるもの，それが企業の作成する財務諸表なのです。

家族の間で家計簿を疑う人はまずいないですね。不明な箇所があればお互いに話し合うことによって疑念を晴らすことができるからです。しかし，企業ではどうでしょう。複雑な企業活動を要約した財務諸表，その中身が正しいかどうか，その判断は簡単ではありません。また関係者間の話し合いも限られているか，まったくできない状態が一般的です。したがって，企業と利害関係者との間で不信感がある限り，両者間の利害の対立は解消されません。これでは，企業の存立自体も危うくなります。

ここに，企業が作成・公表する財務諸表の信頼性を保証するシステムが必要とされます。これが監査です。監査を要請するのは，利害関係者だけではありません。企業自体もみずからが作成した財務諸表の保証を望むでしょう。企業の真の姿を知ってほしいと財務諸表を作成しても，利害関係者が信用してくれなければどうしようもないからです。ここに財務諸表の作成者からも利害関係者からも，誰か適当な第三者が財務諸表に保証を与えてほしいという要求が出てくるのです。財務諸表に対する保証の付与，これを第一の目的とするのが監査です。

ここまで，独立の第三者による監査が必要とされる状況を説明してきました。これを，情報に対する監査要請を生じさせる４つの条件として論理的に説明したのが，アメリカ会計学会が1973年に公表した『基礎的監査概念報告書』（ASOBAC[1]）です。

1．**利害の対立**：根源的な監査要請条件であり，この解消を目指して監査が要請される

2．**影響の重大性**：現実的条件であり，こうむるべき損害の重大さに応じて監査要請が高まる

3．**対象の複雑性**：利害対立解消のために提供される情報（財務諸表）への転換過程が複雑であればあるほど，情報の信頼性が損なわれ，専門能力を備えた第三者による監査が要請される

4．**両者間の遠隔性**：物理的ないし制度的に情報から遠いため，自身で情報の質を確かめることができず，そのような制約のない第三者による監査が要請される

これら４つの条件が高まるほど，情報に対する監査要請も強くなります。企業が作成・公表する財務諸表に対する監査要請はその代表です。

1　American Accounting Association, *A Statement of Basic Auditing Concepts*, AAA, 1973.（青木茂男監訳・鳥羽至英訳『アメリカ会計学界・基礎的監査概念報告書』国元書房，1982年）

2 任意監査と法定監査

利害対立のあるところ，監査が要求される土壌があります。それは法律の制定を待ちません。米国で財務諸表の監査が法律によって規定されたのは1933年連邦有価証券法および1934年連邦証券取引所法が最初ですが，その30年前には当時世界一の鉄鋼会社であったUSスチールが監査済財務諸表を発行しています。また，1920年代後半になると，ニューヨーク証券取引所上場企業の80%以上が自発的に財務諸表監査を受けていたという事実があります。しかし，このような**任意監査**は企業の経営者がみずからの必要に応じて実施したものであるため，当然限界がありました。結局，経営者と利害関係者との間の利害対立の解消には至らなかったのです。

企業が作成・公表する財務諸表は，先に述べたように，情報に対する監査要請の４条件すべてを満たしています。特に，株式・社債等を通じて企業に資金を提供する株主・債権者，証券市場において株式をはじめとする有価証券を売買する投資者は，企業と利害が対立する可能性の高い利害関係者の代表であり，そこで作成・公表される財務情報（財務諸表）には，影響の重大性・対象の複雑性・両者間の遠隔性も非常に強く備わっています。しかし，監査環境が十分に整備されていない任意監査では，利害対立の解消・緩和には限界があります。

信頼できる監査の実施のためには，監査主体（公認会計士・監査法人），財務情報作成規範（会計原則），監査実施規範（監査基準）の整備が不可欠です。そのためには，個々の監査に差のある任意監査ではなく，法律によって監査を強制すること，法律によって監査環境を整備することが必要となるのです。株式会社を代表とする会社規制のための会社法や，株式・社債など有価証券を代表とする金融商品取引の公正化，利害関係者保護を目的として制定された金融商品取引法がそれです。会社法や金融商品取引法が規定する監査が**法定監査**の代表です。

2　法定監査ー監査を要請する法律

1　金融商品取引法

▶金融商品取引法と金融商品（証券）市場

このテキストが取り扱う監査は，これまで説明してきたように株主ならびに長期債権者といった**一般投資者**を念頭においた監査です。企業は，投資者から資金を調達します。投資者は，当面使う当てのない資金を企業に委託しその運用を任せ，運用結果の配分（配当）を受け取るのです。運用結果に満足しなければ投資者は企業から資金を回収したいと考えるでしょう。一方，運用が非常にうまく行っている企業に対しては，新たに出資したいと考える投資者も出てくるでしょう。

企業にとって投資者から集めた資金は設備投資など主に長期資金として活用されます。したがって，いったん集めた資金を投資者の要求に応じて返済していては経営が成り立ちません。ここに，資金を提供したい投資者，資金を回収したい投資者，資金を調達し，その返済を想定しない企業といったそれぞれの思惑を満足させるシステムが必要となります。これが**金融商品（証券）市場**[2]です。

株式を通して企業にいったん投下された資金は，特別の事情がないかぎり投資者に戻されることはありません。資金を回収したい投資者（現在株主）は資金を提供したい投資者（将来株主）を探し出して株主の立場を交代するしかないのです。もちろん，投資した資金と同じ金額での交代ではありません。交代時点において，お互いが納得する金額での交代です。この場合，適当な相手を自分で見つけることは困難です。証券取引所が株主の交代の場所を提供します。

株主の交代は，株式を相互に売買することによって実行されます。その売買価格は，それぞれの投資者が妥当と考える価格です。何をもって妥当な価格と考えるのでしょう。企業の経営状況です。財務諸表がその経営状況を表します。これが**投資意思決定情報**としての財務諸表であり，監査がその**情報の信頼性**を

2　金融商品の代表は，株式・社債等の有価証券です。

図表3－1 金融商品取引市場と関係者

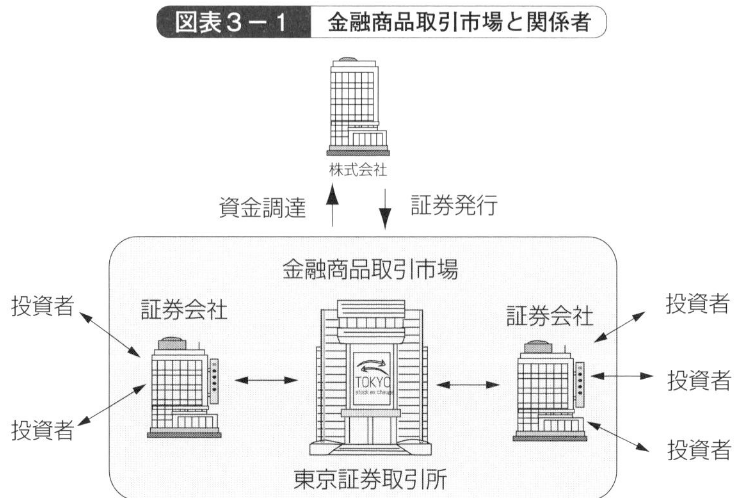

保証する役割を担っています。

金融商品市場の公正性を確保するためには，財務諸表を代表とする投資意思決定情報に関するディスクロージャー制度が確立されていなければなりません（第２章参照）。**金融商品取引法**（**金商法**）がこの機能を果たしています。

金商法第１条は，その目的を以下のように述べています。再度，記載しておきます。

> この法律は，企業内容等の開示の制度を整備するとともに，金融商品取引業を行う者に関し必要な事項を定め，金融商品取引所の適切な運営を確保すること等により，有価証券の発行及び金融商品等の取引等を公正にし，有価証券の流通を円滑にするほか，資本市場の機能の十全な発揮による金融商品等の公正な価格形成等を図り，もつて国民経済の健全な発展及び投資者の保護に資することを目的とする。

ここにいう**有価証券**の代表が株式であり，その他には国債，地方債，社債などが含まれます。しかし，国債や地方債などは政府が元本の償還，利息の支払を保証しています。そのため，公益，投資者保護に欠けることがないものとしてディスクロージャー制度の適用からは除外されています。したがって，有価証券の中心は，株式と社債ということができるでしょう。金商法は，株式・社債を中心とする有価証券の発行・売買その他の取引の公正化，円滑化に寄与するために制定された法律です。

▶有価証券から金融商品へ

投資者は将来の株価を予想して株式の売買をします。高くなると予想すれば買い注文を出し，安くなると思えば売り注文を出します。予想である以上，外れることも当然あります。予想が外れた場合には損失が出ますが，投資者はこの損失をできるだけ少なくしたいと考えます。このような将来の損失を回避する手段として**ヘッジ取引**が生まれました。

ヘッジ（リスクヘッジ）とは，現物の相場変動に伴う損失を回避する手段のことです。たとえば，現在保有している株式が将来値下がりすれば損失が出ますね。それを回避するためには，将来の一定の期日までに一定の価格（権利行使価格）で売る権利を購入します。これは**オプション取引**のひとつです。オプション（option）とは選択権のことです。

オプション取引とは，権利の行使をするもしないも自由と言う取引のことです。売る権利（プットオプション：買う権利はコールオプションといいます）を購入した場合，値下がりした時にオプションを行使することによって，時価と権

図表３－２　プットオプションのケース

以下の状況でプットオプションを購入した場合を想定
●購入価格100円のA株を１万株保有
●110円で１万株売る権利を10万円で購入（３ヵ月満期）

株価（円）／損益	80	90	100	110	120	130
オプション損益（万円）	20	10	0	▲10	▲10	▲10
株売却益（万円）				10	20	30

①　株価が110円を超えた場合はオプションを放棄することによってオプション損益は10万円の損失で固定されますが，株式の売却益と相殺できます。
②　株価が100円以下となった場合は，オプションの行使によって上段のオプション利益を得ることができます。

利行使価格の差額を稼ぐことができます。結果として，保有株式の値下がり損失を回避（ヘッジ）することができます。反対に値上がりした場合は，オプションを行使せず，その購入代金のみの放棄で，保有株式の値上がり益を得ることができます。

このように，現物商品の売買ではなく，現物から派生した新たな証券や契約のことを**金融派生商品**（デリバティブ）とよびます。金融派生商品を取り扱う**デリバティブ取引**には，オプション取引の他にも**先物取引**，**スワップ取引**などがあります。このようなデリバティブはとどまるところを知らず，現在では，気温等を対象とした天候デリバティブ商品なども生まれています。

デリバティブは，元来，損失を回避するリスクヘッジの性格をもっていました。しかし，デリバティブには別の側面もあります。すなわち，**レバレッジ**（てこの原理）を効かせてハイリターンをねらうという側面です。

てこは小さな力で大きな物体を動かすことができます。デリバティブも小さな金額で大きな取引ができます。先物取引の場合，取引高の数パーセントの証拠金で取引ができます。先物価格の予想が当たった場合には大きな利益を得ることができます。反面，予想が外れた場合の損失も桁違いです。

このように，デリバティブはリスクヘッジの側面と，ハイリスク・ハイリターンという投機の両面性をもっていますので，利用者保護のための法整備が必要です。この法整備は，もともと，個別商品・取引ごとに対応されてきました。しかし，デリバティブに関しては日々新たな商品，取引が開発され，法律の個別対応では追いつかなくなりました。不適切販売による利用者の損害，不適切な開示による損害を被る事例が後を絶ちません。ここに，幅広い金融商品を包括的に取り扱う法律の整備が求められることとなったのです。

金融商品の拡大・多様化により，有価証券のみならず金融商品取引を規制する新たな法律が必要となりました。これが2006年に制定された「金融商品取引法（金商法）」です。

▶金融商品取引法と監査

金融商品取引法は，幅広い金融商品を包括的に取扱う法律です。なかでも流動性の高い投資商品である有価証券を発行する上場会社に対しては，開示制度の強化を図っています。

金融商品取引法では，上場有価証券の発行会社は，「事業年度ごとに，当該会社の商号，当該会社の属する企業集団及び当該会社の経理の状況その他事業の内容に関する重要な事項その他の公益又は投資者保護のため必要かつ適当なものとして内閣府令で定める事項を記載した」**有価証券報告書**を決算日後3ヵ月以内に提出する（金商法第24条）とともに，財務諸表について，「その者と特別の利害関係のない公認会計士又は監査法人の監査証明を受けなければならない（金商法第193条の2）」と規定されています。

また，金融商品取引法は，下記の規定を加えることによって，上場会社等に対するディスクロージャー制度のさらなる充実を図っています。

① 3ヵ月ごとの四半期報告書の開示を法定化（金商法第24条の4の7）するとともに，四半期財務諸表に対してもレビューを義務づけ（第193条の2第1項）
② 有価証券報告書等の適正性について経営者の「確認書」の提出を義務づけ（第24条の4の2，第24条の4の8，第24条の5の2）
③ 財務報告に係る内部統制の有効性に関する経営者による「評価」と公認会計士による「監査」を義務づけ（第24条の4の4，第193条の2第2項）

2 会社法

▶会社法監査

金融商品取引法は「有価証券の発行及び金融商品等の取引等を公正にし，有価証券の流通を円滑にするほか，資本市場の機能の十全な発揮による金融商品等の公正な価格形成等を図り，もって国民経済の健全な発展及び投資者保護に資することを目的とする」法律でした（第２章21頁の**図表２－２**参照)。そのためには，有価証券発行会社の開示の充実を図るとともに，**投資意思決定情報**としての財務諸表の信頼性を保証する必要がありました。ここに財務諸表に対する金商法監査が法定化されることとなったのです。この意味で，金融商品取引法上の開示制度は**情報提供機能**という役割をもつものです。

一方，株式会社制度は債権者と株主から調達した資金を経営者が運用し，その成果を債権者には利子として支払い，株主には配当として分配するシステムをとります。株式会社にかかわるこれら三者の間には**利害の対立**が生じます。株主・債権者と経営者の関係の希薄化による経営者の誠実性への不信，株主の**有限責任制度**・株主総会を通じた経営意思決定への参加，過大配当にともなう債権者請求権への侵害，これらが，三者の間に不信感，つまり利害の対立を引き起こすのです。ここに，企業の経営状況を明らかにし，配当等制限条項（会社法第461条）を順守するために財務諸表が作成され，監査によってその信頼性が保証されることとなります。このような開示制度は**利害調整機能**という役割をもちます。

▶会社とは

会社法は，会社の設立，組織，運営及び管理について定めた法律です。会社とはなんでしょう。会社法第３条によれば，「会社は法人とする」と規定されています。法人…？

私たちは生まれながらにして人と認められています。これを自然人といいます。人は，権利や義務の主体となることができます。土地や住宅，現金を所有することができますし，種々の契約の当事者となることができます。一方，この権利や義務の主体となる地位や資格を法律によって与えられたもの，これが法人です。したがって，会社にも所有権があり，契約の当事者となることができます。もちろん，私たちと同様，税金を支払う義務（法人税等）もあります。

従来，商法や有限会社法において認められてきた会社組織は，人的会社としての①**合名会社**，②**合資会社**，物的会社としての③**有限会社**，④**株式会社**の４種類でした。前者は無限連帯責任社員を中心とし，後者は有限責任社員を想定しての会社組織です。

会社法では，会社の類型を株式会社と持分会社の２つに分けています。**持分会社**とは，民法上の組合組織を念頭においた会社であり，いわゆる人的会社に該当するものです。一方，株式の所有を前提とする物的会社として，株式会社があります。

図表３－３　会社の類型

項目 組織形態		出資者の責任	内部自治		課税
			会社機関の設置	利益の分配	
持分会社	合名会社	無限責任	任意	自由	法人課税（法人税・法人事業税・法人住民税等）
	合資会社	無限責任社員と有限責任社員			
	合同会社	有限責任			
株式会社		有限責任	法定	出資割合	

人的性格をもつ持分会社は，原則として所有と経営が一致した事業会社であり，全社員による出資と全社員が業務執行の権利・義務をもつこととなります（定款の定めにより業務執行社員を定めることができます：会社法第591条）。したがって，会社は社員の個性に依存することとなり，物的会社のように，取締役や監査役といった**会社の機関**の設置を必要とせず，組織内部の取決めが原則として自由です。損益の分配についても出資比率に拘束されずに決定することができます。その代替として社員の無限連帯責任を重視してきたのです。

しかし，無限連帯責任を課することは，会社経営を志向する者に大きなリスクを与えることとなり，新規創業やジョイントベンチャー，専門人材による共同事業の振興を妨げてきたことも事実です。会社法では，起業を推進するために，人的会社の性格をもちながら，有限責任制を認める新たな会社形態を認めることとしました。これが**合同会社**です。ここに，持分会社の出資者の責任の面で新たな選択肢が増えることとなったのです。

一方，物的会社としての株式会社は，所有と経営が分離し，有限責任制を採用するがゆえに，会社の機関として株主総会の他に，取締役などを設置する義務があります。しかし，株式会社が物的会社といっても，所有と経営が分離している会社ばかりではありません。会社法は，最低資本金の規制を撤廃しています。したがって，会社法のもとでは，１円資本金の株式会社も設立できるのです。

株式会社の資本金規制が撤廃されることにより，すべての株式会社を同列に扱うことはできなくなりました。したがって会社法では，株式会社をその規模により大会社とその他の中小会社に分けて異なる規制を行っています。ここで大会社とは，次のいずれかの要件に該当する株式会社をいいます（会社法第２条第６号）。

① 資本金が５億円以上
② 負債総額が200億円以上

所有と経営が分離していない株式会社は中小会社だけではありません。大会社でも，株主への門戸を広く開いていない会社もあります。株式譲渡制限会社（非公開会社・閉鎖会社）がそれです。株式譲渡制限会社とは，定款においてすべての株式の譲渡を制限している会社のことです。株主が限られているため，公開会社（会社法第２条第５号）よりゆるい規制が適用されます。

▶会社法と監査

会社法は，会社に対して計算書類の作成を要求しています。持分会社に対しては，貸借対照表の作成と保存（会社法第617条），株式会社に対しては貸借対照表と損益計算書および事業報告と附属明細書の作成と保存（会社法第435条）を義務づけています。

しかし，持分会社は所有と経営の一致を原則としており，計算書類の監査までは要求されていません。一方，所有と経営の分離を原則とする株式会社では，監査役，監査等委員会，監査委員会のいずれかによる計算書類の監査が一般に義務づけられています[3]（会社法第436条）。

株式会社でも，規模によって株主や債権者が多数にのぼる大会社においては，これに加えて，会計監査人（公認会計士ないし監査法人：会社法第337条）による計算書類およびその附属明細書の監査を受けなければならない（会社法第436条第２項）と規定され，実質的に金融商品取引法監査と同様の監査が義務づけられています。

◆練習問題

1．次の記述のうち，正しいものには○を，間違っているものには×を付し，各々の理由を簡潔に述べなさい。

⑴　株式会社に資金を提供する株主は，いつでも出資金額の範囲内で資金の返還を請求することができます。

⑵　会社には人的会社と物的会社があります。それぞれ，合名会社と合資会社，有限会社と株式会社といった２つの組織形態が認められています。

⑶　株式譲渡制限をしている中小会社については，会社法による会計監査人監査は義務づけられていません。

⑷　株式会社のステークホルダーである株主と債権者は，いずれも経営者と利害の対立関係にあります。したがって，株主と債権者との間では利害の対立はありません。

⑸　資本金が１億円を割るような企業は大会社とはいえないので，計算書類の監査は要求されません。

3　会社法は，会社の機関設計を非常に柔軟にしており，株式の譲渡制限をしている中小会社については，株主総会と取締役のみとか，株主総会，取締役会と会計参与だけの機関設計も認めており，この場合には，監査を受けることは義務づけられていません。一方，大会社については，取締役会，会計参与，監査役，会計監査人，監査等委員会または指名委員会等を設置することができます（第326条第２項）が，計算書類については，会計監査人の監査も受けることが強制されています。

２．次の文の空欄にあてはまる語句を入れ，文章を完成しなさい。

会社法では，会社の類型を物的会社としての（ア）と人的会社としての（イ）の２つに分け，さらに持分会社を合名会社，合資会社，（ウ）の３つに区分しています。物的会社については，株式会社の最低（エ）規制を撤廃したことから，（オ）を廃止して株式会社に一本化しました。ただ，株式会社の特徴である所有と（カ）の分離がすべてに及んでいるわけではないため，資本金（キ）円以上ないし負債総額（ク）円以上の株式会社を大会社としてその取扱いに差をつけています。

《解答》

１．

⑴　×　株式会社への出資金は返還期限のない出資であり，新たな株主に株式を売却して資金を回収するしかありません。

⑵　×　会社法では，会社は株式会社と持分会社に分けられ，持分会社には，出資者の責任の種類により，合名会社，合資会社，合同会社の３形態があります。

⑶　○　公開会社でない中小会社は所有と経営の分離が認められず，株主が限られているため会計監査人監査は強制されません。

⑷　×　株主は利益の配当に利害関係をもちますが，債権者は利子と元金の返済に利害関係があります。したがって，過剰な配当は債権者への元金･利子支払い能力に影響しますので，両者には利害の対立があるといえます。

⑸　×　資本金が１億円を割っていても，負債総額が200億円を超えるような会社は，負債に利害関係をもつ重要な債権者がいますので，会社法上大会社に分類されます。したがって，計算書類の監査が要求されます。

２．ア．株式会社，イ．持分会社，ウ．合同会社，エ．資本金，オ．有限会社，カ．経営，キ．５億，ク．200億

第4章 監査を担当する専門家

第３章では，監査を要請する法律として，金融商品取引法と会社法を学びました。金融商品取引法は，上場会社等が提出する財務諸表に対して「その者と特別の利害関係のない公認会計士又は監査法人の監査証明を受けなければならない（第193条の２）」と規定しています。会社法も，大会社が作成する計算書類等に対して，会計監査人（公認会計士ないし監査法人：会社法第337条）による監査を受けなければならない（会社法第436条第２項）と規定しています。

多数の利害関係者が存在する上場会社や大会社の財務諸表ないし計算書類等の監査は，誰が担当してもよいというものではありません。法律によって公認会計士ないし監査法人に限られているのです。

公認会計士・監査法人，それは監査を担当する専門家であり，法定監査（金商法監査と会社法監査）の一定の業務を独占する権利をもっています。独占という権利には，資格や義務が伴います。監査を担当する専門家としての公認会計士や監査法人，その資格や使命，義務と責任など，本章では，監査主体である公認会計士や監査法人について学びましょう。

1 監査の成立条件と監査主体

財務諸表ないし計算書類（以下，財務諸表で統一します）に対する監査は，金融商品取引法と会社法において規定されています。第３章で述べたように，企業を代表する経営者と，債権者・株主・投資者など利害関係者との間には利害の対立が存在します。これら２つの法律は，経営者に対して財務諸表の作成・開示を義務づけています。企業の状況を明らかにすることによって，両者間に存在する**利害の対立**を解消しようとするからです。しかし，これまでも述べてきたように，一方的な情報伝達手段である財務諸表の公表だけでは両者間の利害の対立は解消しません。財務諸表が本当に企業の状況を反映しているかどうかについての**保証**，すなわち，財務諸表信頼性を保証する監査が要求されるのです。

財務諸表が信頼できることの保証，これはどのようにして実行されるのでしょうか。財務諸表が信頼できるとはどういう意味なのか，誰がどのようにして監査を行うのか，監査の結果はどのようにして利用者に伝達されるのか，これらの点を明らかにしないかぎり，利害対立の解消を目的とする監査は実効力をもちません。言い換えれば，監査が成立する条件を明らかにしなければならないのです。

監査成立の条件とはなんでしょう。第1に重要なのは，**監査主体**の存在です。監査を実施できる監査人がいなければなりません。第2に，監査人の主観ではなく，客観的に財務諸表が信頼できることの**判断基準**がなければなりません。関係者それぞれ，信頼できることの意味が違えば監査は成立しません。第3に，実際の監査の実施方法ならびに監査結果の報告方法に合意がなければなりません。それぞれ，**監査人**，財務諸表の作成規範（**会計原則**），監査の実践規範（**監査基準**）の問題としてとらえることができます。会計原則については，会計学のテキストで勉強してください。監査基準については，第6章以下で説明します。監査主体を規制する法律として公認会計士法があります。以下，公認会計士法を手掛かりに，監査主体について勉強しましょう。

2　公認会計士法－監査主体を規制する法律

1　公認会計士法の構成

金融商品取引法や会社法が要請する上場会社・大会社に対する会計監査・法定監査は**公認会計士**ないしその法人組織である**監査法人**によって独占的に行われます[1]。

公認会計士は「**公認会計士・監査審査会**」(金融庁内に置かれる独立行政機関)が実施する公認会計士試験に合格し，所定の業務補助ならびに実務補習を修了し，さらに日本公認会計士協会が備える公認会計士名簿に登録することによって取得できる国家資格です（公認会計士法第３・15・16・17・18条)。

このように，有資格者しか行うことのできない業務が法律で規定されている資格のことを**業務独占資格**とよびます。公認会計士，税理士，医師，弁護士などの資格がそれです。業務独占資格は，特定業務への参入を制限することにより独占的な利益を得ることができますので，さまざまな制約や義務が法律によって課されることとなります。**公認会計士法**がそれです。

公認会計士法は８章55条からなり，第１章総則（使命・職責・資格等)，第２・３章公認会計士試験・登録，第４・５章義務と責任，第５章の２以下監査法人，第６章・第６章の２公認会計士を取り巻く組織（公認会計士・監査審査会，日本公認会計士協会)，第７・８章雑則・罰則という構成になっています。以下，法律の条文に沿って説明しましょう。

2　公認会計士の使命と職責

公認会計士法第１章総則（第１条～第４条）では，公認会計士の使命や職責，業務，資格などが規定されています。資格については，公認会計士試験と関係しますので，別にとり上げます。

1　公認会計士法第47条の２は，財務書類の監査証明を公認会計士または監査法人以外の者が行うことを禁止し，第48条，第48条の２では，公認会計士または監査法人の名称の使用を資格取得者のみに制限しています。

第１条（公認会計士の使命）
公認会計士は，監査及び会計の専門家として，独立した立場において，財務書類その他の財務に関する情報の信頼性を確保することにより，会社等の公正な事業活動，投資者及び債権者の保護等を図り，もって国民経済の健全な発展に寄与することを使命とする。

公認会計士の使命として規定されている「投資者及び債権者の保護等を図り，もって国民経済の健全な発展に寄与すること」という文言は，「国民経済の健全な発展及び投資者の保護に資することを目的とする」と同じ意味です。後者は金融商品取引法第１条（目的）の文言です。公認会計士法が投資者に加えて債権者保護をうたっているのは，公認会計士監査が投資者への**情報提供機能**（金商法監査）のみならず，経営者，株主，債権者間の**利害調整機能**（会社法監査）の一翼も担っているからです。

また，本条文では，専門性，独立性といった公認会計士が保持すべき属性，財務情報の信頼性確保といった公認会計士業務の役割が規定されています。公認会計士の属性については，後半でとり上げます。

第１条の２（公認会計士の職責）
公認会計士は，常に品位を保持し，その知識及び技能の修得に努め，独立した立場において公正かつ誠実にその業務を行わなければならない。

本条文は，**職業的専門家**（プロフェッショナル）が体現すべき一般論としての職業倫理の保持，継続的自己啓発，公正不偏性の確保を要求しています。公認会計士の指導，監督等を目的としてその設立が強制されている日本公認会計士協会は本条の趣旨を実現するために，会員の品位保持，研修，実務補習，業務状況調査等に関する規定をその会則に記載することが定められており（公認会計士法第44条），このもとで会員が遵守すべき「**倫理規則**」を代表とする種々の倫理諸則（「独立性に関する指針」や「利益相反に関する指針」など）を制定しています。

3　公認会計士試験

公認会計士は業務独占資格であるといいました。したがって，公認会計士の資格を得るためには，一定の資格条件をクリアしなければなりません。先述のように，公認会計士試験に合格するのみならず，公認会計士となるに必要な技能を修習するため認定機関が主催する実務補習を修了するとともに，２年間以上の業務補助を通じて実務経験を積まなければなりません。その上で，公認会計士名簿に登録することによって，晴れて公認会計士として監査業務を営むことができるのです。

一番の難関は，やはり，公認会計士試験でしょう。公認会計士試験は，短答

図表４－１　わが国の公認会計士資格制度

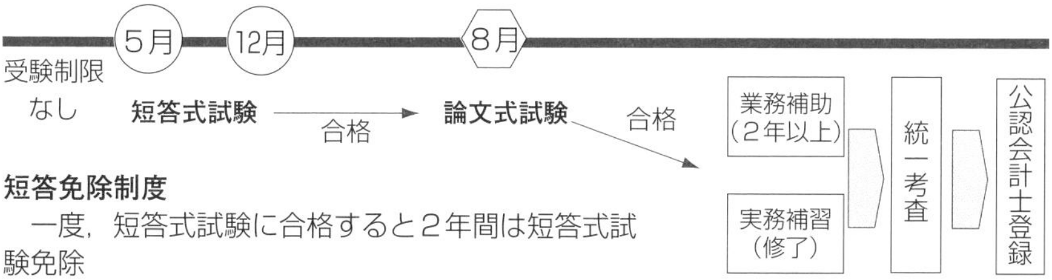

5月　12月　8月

受験制限なし　**短答式試験** →合格→ **論文式試験** →合格→ 業務補助（２年以上）・実務補習（修了）→ 統一考査 → 公認会計士登録

短答免除制度

一度，短答式試験に合格すると２年間は短答式試験免除

期限付科目免除

論文式試験では，全体に合格水準に達していなくても科目ごとに合格水準に達していれば，２年間の免除措置

試験科目・試験時間・配点

	試験科目	試験時間	配点
短答式試験	企業法	60分	100点
	管理会計論	60分	100点
	監査論	60分	100点
	財務会計論	120分	200点
論文式試験	監査論	120分	100点
	租税法	120分	100点
	会計学	300分	300点
	企業法	120分	100点
	選択科目	120分	100点

選択科目：経営学・経済学・民法・統計学の中から１科目

業務補助とは監査証明業務を公認会計士または監査法人等で２年以上従事

実務補修とは実務補習団体（内閣府令で定める）で所定の単位を履修

公認会計士試験に合格しただけでは「公認会計士」という資格を使用することはできません。有資格者といわれます。

式による試験と，短答式試験合格者ないし短答式試験免除者が受験できる論文式の筆記試験の２段階で構成されています。試験の目的は，受験者が公認会計士に必要な学識およびその応用能力を有するかどうかを判定することにありますが，知識の判定に偏することなく，実践的な思考力，判断力等の判定に意を用いることとなっています（公認会計士法第５条，第８条第４項）。

わが国の公認会計士資格制度の全体像を前頁の**図表４－１**でまとめてみました。

4 公認会計士の義務と責任

公認会計士法第４章では，職業的専門家としての公認会計士が負うべき義務，第５章では，義務を逸脱した場合の責任についての規定が並んでいます。

公認会計士の義務は，公正不偏性を要求される職務の性格から，独立性の確保に係わる規定を中心に次のようにまとめられています[2]。

① 被監査企業との間に特別の利害関係がある場合の業務の制限（第24条・第24条の２）
② 監査人のローテーション（一定期間以上の連続監査の禁止：第24条の３）
③ 単独監査の禁止（第24条の４）
④ 信用失墜行為の禁止（第26条）
⑤ 秘密保持（第27条）
⑥ 研修の義務（第28条）
⑦ 使用人等に対する監督義務（第28条の３）

第５章（第29条から第34条の２）の公認会計士の責任は，このような公認会計士の義務に違反した場合の懲戒処分に関する規定です。懲戒の種類やその手続，懲戒処分の公告等がまとめられています。

公認会計士に対する懲戒処分は，戒告，２年以内の業務の停止，登録の抹消

2　独立性は，公認会計士にとってもっとも重要な属性ですので，本章の後半で詳しく説明します。

の３種類です。しかし，２年以内の業務の停止と登録の抹消との間には処分の程度に大きな差があります。この差を埋める１つの方策として，公認会計士法に**課徴金制度**が導入されました（平成20（2008）年公認会計士法改正第31条の２）。課徴金制度が初めて適用された監査法人は，平成27（2015）年に発覚した東芝不適切会計事件[3]の監査を担当していた新日本有限責任監査法人です。

5　監査法人

▶監査法人制度

公認会計士法第24条の４は，大会社等の財務書類の監査または証明について公認会計士単独での監査の禁止を謳(うた)っています。これは，金商法監査や会社法監査の対象となる会社の規模の拡大，多角化に対応するためには，個人の公認会計士ではその能力に限界があり，①**組織的監査**の実施が必要であること，②個人の公認会計士では独立性の確保も容易でないことによるものです。

事実，戦後高度経済成長期のひとつのピークであった東京オリンピック（昭和39（1964）年10月開催）後の経済不況時には，サンウェーブ工業や山陽特殊製鋼などの大型倒産事件が経済界を騒がせましたが，この倒産の背後に公認会計士が見逃した粉飾決算がありました。山陽特殊製鋼事件では，監査を担当した公認会計士が故意に粉飾を見逃したとして大蔵省（現在は財務省と金融庁に分離）により初めて登録抹消処分を受けました。

このような事件を契機として，組織的監査を実施させるための監査法人制度が昭和41（1966）年10月の法改正によって新設された（公認会計士法第５章の２）のです。

当時想定された**監査法人**は，５名以上の公認会計士による共同事務所（同法第34条の７）を念頭におき，比較的小規模な会社組織で利用される合名会社の性格を有するものでした。したがって，監査法人の社員は，すべて業務を執行する権利を有し，義務を負うとともに，社員は債務に対して無限連帯責任を持つこととなっていたのです。しかし，監査法人の内外の環境変化が合名会社的

3　1,500億円を超える利益操作を行った東芝事件を不適切会計事件とよぶことには違和感があります。粉飾決算といわれても抗弁の余地はないでしょう。第10章でくわしく学習します。

組織という本質を徐々に変化させることとなりました。

▶指定社員制度

令和元年現在230を超える監査法人が設立されています。３大監査法人（新日本，トーマツ，あずさ）が金商法監査対象企業の約70％を担当し，社員数はそれぞれ500名を超え，公認会計士・会計士補の職員を加えれば各法人が4,000名を超える会計プロフェッショナルを抱える巨大組織となっています[4]。

図表４－２　わが国の金商法監査市場（クライアント数と占有率）

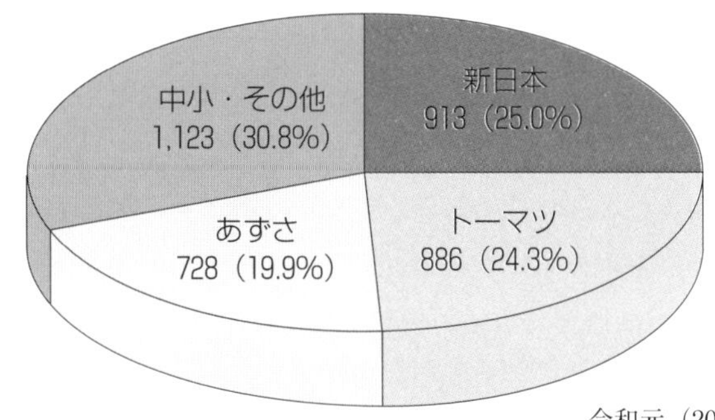

令和元（2019）年５月現在
（出所）㈱プロネクサスの企業情報データベースeolから作成

このような３大監査法人による寡占化といった状況のもとでは，従来の合名会社的組織である監査法人形態が監査業務の組織形態として妥当しなくなっていることも事実です。

公認会計士に対する損害賠償請求訴訟の増大にともなう**無限連帯責任制度**の見直しもその１つです。監査法人の大規模化にともない，合名会社制度が念頭においている社員の相互監視と相互牽制が必ずしも十分に機能せず，ここに人

4　カネボウの粉飾事件（2005年）への加担を契機に４大監査法人の一角であった旧中央青山監査法人は，2006年にみすず監査法人とあらた監査法人に分裂しました。みすず監査法人は，日興コーディアルグループの粉飾決算（連結外しによる粉飾）を見逃したとして，2007年７月業務を停止し，解散することとなりました。現在，PwCあらた有限責任監査法人（平成27（2015）年に「あらた」から監査法人名を変更しました）を加えて４大監査法人ということもありますが，クライアント数においても社員数等においても３大監査法人の１/４以下ですので，本章では大監査法人として扱っていません。

的組織としての監査法人制度が社員に求めている無限連帯責任制は現状にそぐわないものとなってきました。

このような状況のもと，平成15（2003）年の公認会計士法改正で新たに導入されたのが，**指定社員制度**です。これは，監査法人制度の後に創設された弁護士法人制度が当初から認めていた制度で，法人の社員の責任を一部限定する制度です。

指定社員制度の特徴は下記のとおりです。

① 監査法人は特定の証明において業務を担当する社員を指定することができる（同法第34条の10の４）
② 指定社員のみが業務を執行する権利を有し，義務を負う（同条第２項）
③ 社員を指定するときは，被監査会社に対しその旨を書面で通知する（同条第４項）
④ 指定証明に関し被監査会社等に対して負担することとなった債務は指定社員が無限連帯責任を負う（同法第34条の10の６第４項）

▶新たな監査法人制度

指定社員制度の導入により，社員の無限連帯責任の一部は免除されることとなり，大規模化した監査法人の現状との調整が行われることとなりました。しかし，一部指定社員による監査の失敗に対しその他の社員が連帯責任を免除されるというこの責任の限定は，合名会社的組織であるかぎり，被監査会社以外の善意の第三者，たとえば，株主や債権者などに対しては効力をもちません。

平成17（2005）年４月，「有限責任事業組合契約に関する法律」が成立（８月１日施行）し，ついで，会社法の成立により，従来の合名会社，合資会社，株式会社に加えて，新たな企業形態として，「**有限責任事業組合**」（LLP：Limited Liability Partnership）と「**合同会社**」（LLC：Limited Liability Company）が創設されることとなりました。

いずれも，民法上の組合や合名会社のように人的会社の特徴をもちながら，株式会社の特徴である有限責任制度を取り入れた組織形態で，英米において会計事務所が多く利用しています。わが国においても，平成19年（2007）年６月成立の改正公認会計士法（平成20年４月施行）では，合同会社の性格をもつ**有限責任監査法人**制度が新設され（第１条の３第４項）ました[5]。

図表４－３　無限責任監査法人と有限責任監査法人との比較

組織形態	社員の指定	指定の有無	社員の種類	対被監査会社責任	対第三者責任	供託金制度	最低資本金制度	情報公開義務	監査報告書添付義務
無限責任監査法人	任意	無	一般社員	無限責任	無限責任	なし	なし	なし	なし
		有	一般社員	有限責任	無限責任				
			指定社員	無限責任	無限責任				
有限責任監査法人	義務	有	一般社員	有限責任	有限責任	200万円×社員数	100万円×社員数	計算書類と業務報告書	収益額が10億円以上は添付義務
			指定有限責任社員	無限責任	無限責任				

有限責任監査法人では，当該監査に関わる社員（指定有限責任社員）には従来通り無限責任を課すものの，その他の社員に関しては，契約当事者である被監査会社のみならず，第三者に対しても責任の有限化が図られることとなりました。一方，株式会社同様の有限責任制度の導入により，最低資本金や供託金制度をはじめ，情報公開の制度化や監査を受ける義務なども取り入れられることとなったのです。

その他，公認会計士でない「**特定社員**[6]」制度の新設，行政処分の多様化（第34条の21）や課徴金制度の導入（第31条の２）など監査法人制度の全般的な見直しも進められました。

5　有限責任監査法人制度が新設されたことにより，従来の監査法人は無限責任監査法人として区別されることとなりました（第１条の３第５項）。

6　監査法人等の品質管理・ガバナンス・ディスクロージャーの強化の観点からは，金融工学や内部統制，ITの専門家など公認会計士でない者にも監査法人の社員資格を認めることが適当であるとの判断から，特定社員制度が導入されました。ただし，特定社員については，日本公認会計士協会の登録を受ける必要があるほか，監査法人の社員のうちに占める割合は25％以下に制限されています。また，公認会計士でないことから，監査証明業務を執行する権利や義務はありません。

6　公認会計士を取り巻く組織

公認会計士法は，業務独占資格としての公認会計士に対して，さまざまな制約や義務を課してきました。これまで解説してきた法律は公認会計士（監査法人）そのものを規制するものでした。公認会計士の職責を誠実に実行させ，その使命を効果的に実現させるためには，それに加えて公認会計士および監査法人を適切に監視・監督・指導する体制を作ることが不可欠です。

同法が第6章および第6章の2で規定している**公認会計士・監査審査会**と**日本公認会計士協会**がそれです。前者は金融庁に所属し，公認会計士・監査法人とは独立した政府機関として，懲戒処分に関する調査審議，勧告を行う（第35条第2項1号・2号）とともに，資格付与の前提としての公認会計士試験を実施します（第35条第2項3号）。日本公認会計士協会は公認会計士・監査法人の自治組織としてその設立と加入が強制されるものであり，会員相互の監視・監督・指導を目的としています（第43条，第46条の9の2など）。

これら公認会計士を取り巻く組織については，第5章で詳しく説明しています。

3　監査人の独立性

1　精神的独立性

公認会計士法第1条（公認会計士の使命）を思い出してください。本条文では，公認会計士の役割・目的とともに，公認会計士が保持すべき属性が規定されています。

「公認会計士は，監査及び会計の専門家として，独立した立場において…」，すなわち，専門性，独立性がそれです。専門性，独立性とは何を意味しているのでしょう。次に公認会計士が保持すべき属性に触れてみましょう。

財務諸表の監査は公認会計士である監査人によって実施されます。しかし，公認会計士であれば誰でも監査人になれるのでしょうか？

監査が利害対立関係の解消を目指す以上，利害対立関係にある当事者，すなわち，財務諸表の作成者と利用者双方が監査人として受け入れることのできる人でなければなりません。財務諸表作成者としての企業に偏ることなく，同時に，利害関係者としての財務諸表利用者にも極端に偏ることなく，つねに**公正不偏の態度**で監査を実施することが要求されるのです。

ここにいう公正不偏性こそ，監査人が保持すべき最も基本的な要件であり，これを**精神的独立性**ないし**実質的独立性**とよびます。しかし，いずれの側にも立たない第三者としての精神的独立性は，文字通り監査人の心理的側面の問題であって外部から確認することはできません。同時に，精神的独立性は単独では存在することができません。何をもって公正と判断するかの知識がなければ精神的独立性の確保は絵に描いた餅です。これが，能力に基づく専門性です。

また，いかに意志が強くとも，親しい関係にある人には厳しいことはいいにくいですね。たしかに，どんな場合にも，誰に対しても，公正な態度で臨む人も多く存在します。しかし，親族関係にあるなど身分的に独立していない人，経済的に依存関係にある人については，本人がいかに精神的独立性を保っていると主張しても，その独立性に疑念を抱く人は多いのではないでしょうか。監査人に対する信頼感が揺らぐと，財務諸表に対する保証は受け入れられなくなるでしょう。

ここに，精神的独立性を支える条件の確保が必要となるのです。

2　監査人の能力条件

企業の大規模化，取引活動の複雑化によって，企業の経営活動を貨幣数値によって記録し，財務諸表に映し出す会計プロセスは次第に複雑な作業となっています。同時に，会計には多くの仮定，見積りが入り込んでいます。古くは，固定資産の減価償却の問題，売掛債権の貸倒れの見積り，新しくは，先物取引，スワップ取引など金融派生商品の開発によるデリバティブ会計の問題，退職給付会計や税効果会計など，これまでとは異なる会計処理が続々と生まれてきています。このように複雑な会計に関する知識がなければ，財務諸表が本当かどうかの判断はできません。会計・監査に関する専門知識をもつことは，精神的独立性を保持するための前提条件です。これを**能力条件**とよびます。

会計専門家としての能力条件の保持は，資格試験に合格することによって社会的に認知されます。国家試験としての**公認会計士試験**がそれです。 しかし，試験に合格しても立ち止まってはいられません。変化する会計環境に追いつくため，日本公認会計士協会は，平成10（1998）年より，**継続的専門研修**（Continuing Professional Education：CPE）**制度**を導入しました。また，企業会計の発展は公認会計士という会計専門家個人では太刀打ちできないほど複雑となってきました。ここに，「３人寄れば文殊の智恵」，さまざまな能力をもった公認会計士が集まることによって会計の複雑化に対処しようとしたのです。先に述べた**監査法人**がそれです。

3　外観的独立性

監査人の精神的独立性が認められるためには，独立の立場を損なう経済的利害や独立の立場に疑いを招く外見をもたないことです。これを**外観的独立性**ないし**外見的独立性**といいます。

外観的独立性には，**身分的独立性**，**経済的独立性**，その他の条件があります。これらは**公認会計士法・公認会計士法施行令**等に規定されています。身分的独立性とは，公認会計士（配偶者を含みます）が会社の役員，財務に関する事務責任者，使用人等，会社と身分的利害関係をもたないことを意味します（公認会計士法第24条）。また，経済的独立性については，公認会計士（配偶者）が税理士業務などにより継続的な報酬を受けている場合，会社に対して一定金額以上の債務がある場合，その他特別の経済上の利益供与を受けている場合などが，それに反する事項として列挙されています（公認会計士法第24条の２，公認会計士法施行令第７条）。

これらの事例はすべて財務諸表作成者である企業と利害関係をもつことを禁止するものです。しかし，外観的独立性は企業からの独立を要求するだけではありません。財務諸表利用者である債権者，株主からの独立も要求しています。たとえば，公認会計士法施行令は，一定金額以上の出資や債権をもつ場合にも，当該企業の監査人になることを禁止しています。

財務諸表の保証を行う監査人が，その作成者である企業と一線を画することは当然の要求です。しかし，財務諸表の利用者である株主・債権者であることに制限を加えるのはなぜでしょうか。

それは企業の利害関係者である債権者，株主，投資者の間でも利害の対立が存在するからです。株主は出資者として，配当金額が大きくなることを望みます。しかし，過大な配当は企業の財産を侵害し，ひいては倒産を誘発して債権者の利益を損なう可能性があります。ここに経営者と利害関係者のみならず，株主と債権者の間での**利害調整**を行う必要も出てきます。会社法はこれら３者の間での利害調整を目的とします。したがって，監査人が株主という利害関係者だけを代表することは許されないのです。

金融商品取引法監査においても同じようなことがいえます。金商法の目的は利害関係者である投資者保護です。投資者は現在株主であるとはかぎりません。これから株式を購入しようという潜在株主も含まれます。現在株主に対する過大な配当は将来の株主利益を損ないます。同時に，配当より企業の発展による株価の上昇をねらって株式を所有する投資者にとっても，過大な配当は望ましいものではありません。

このように，多種多様な利害関係者がかかわる株式会社の財務諸表監査では，特定の利害関係者を想定して監査を実施することは許されません。ここに，監査人は財務諸表利用者である利害関係者からの独立性も必要とされるのです。

このほか，公認会計士法は，広く信用失墜行為の禁止規定を設け（第26条），経済的・身分的独立性のみならず，監査人の精神的独立性を損なう行為を広く禁止することによって外観的独立性の確保を要求しているのです。

◆練習問題

1．次の記述のうち，正しいものには○を，間違っているものには×を付し，各々の理由を簡潔に述べなさい。

⑴　監査法人の社員ないし従業員であれば，金融商品取引法監査ないし会社法監査を実施する資格があります。

⑵　会社の性格として人的会社と物的会社があります。それぞれ，合名会社と合資会社，有限会社と株式会社といった２つの組織形態が認められています。監査法人は合名会社の性格をもっています。

⑶　株式譲渡制限をしている中小会社については，会社法による会計監査人監査は

義務づけられていません。

(4)　監査実施の効率を高めるためには，大会社等では特定の公認会計士が継続して監査を実施すべきです。

(5)　監査法人の大規模化にともない，無限連帯責任制は現状にそぐわないため，社員が100名を超える監査法人は有限責任制が認められています。

２．次の文の空欄にあてはまる語句を入れ，文章を完成しなさい。

監査法人は元来，（ア）名以上の公認会計士が（イ）監査を実施するために設立できる（ウ）会社的な性格をもった共同組織体でした。したがって，監査法人の（エ）は，すべて業務を執行する（オ）と（カ）をもっています。（エ）は債務に対して（キ）責任をもちますが，近年は監査法人の大規模化によって，社員相互間の監視や相互牽制が必ずしも十分に機能しないため，（ク）社員制度を新たに導入して，一部，責任の限定を図っています。また，合同会社の性格をもった（ケ）監査法人の新設も認められることとなりました。

《解答》

１．

(1)　×　金商法監査や会社法監査は公認会計士の資格をもつ者だけが担当できる有資格者独占業務です。

(2)　×　現行の会社法では，会社は株式会社と持分会社に分けられ，持分会社には，出資者の責任の種類により，合名会社，合資会社，合同会社の３形態があります。監査法人はもともと合名会社の性格をもっていましたが，有限責任監査法人制度の導入により，合同会社の性格をもつ監査法人も認められました。

(3)　○　公開会社でない中小会社は所有と経営の分離が認められず，株主が限られているため会計監査人監査は強制されません。

(4)　×　長期にわたる監査の継続は馴れ合いを生み，独立性を阻害する要因となりかねないため，一定期間以上の連続監査は禁止されています。

(5)　×　監査法人が社員の完全有限責任制を導入するためには，有限責任監査法人に組織換えしなければなりません。この場合も，指定有限責任社員は無限責任を負っています。

２．ア．５，イ．組織的，ウ．合名，エ．社員，オ．権利，カ．義務，キ．無限連帯，ク．指定，ケ．有限責任

第5章 監査を取り巻く組織

監査は，経済社会のなかで，企業が作成・公表する財務諸表に信頼性を付与する役割を担っています。監査が存在せず，公表される財務諸表が信頼できないとすると，企業の株式や社債を購入しようと考えている投資者は適切な投資意思決定をすることができず，投資をあきらめてしまうかもしれません。そうなると，企業は経営に必要な資金を集めることができなくなってしまいます。つまり，監査が存在しないと，投資者ばかりでなく，財務諸表を作成・公表する企業自身も困るわけです。

もちろん，監査は社会のなかに単独で存在しているわけではありません。監査（とくに財務諸表監査）が成立するためには，その枠組みとして，①監査を実施する人（監査主体，具体的には公認会計士），②監査の対象（監査客体，具体的には財務諸表），③財務諸表を作成するための規範（ルール，具体的には会計基準），④監査を実施するための規範（ルール，具体的には監査基準），および⑤監査済みの財務諸表の利用者（報告客体，具体的には株主，債権者，投資者，取引先など）の５つの要素が必要となります。そしてこれらの要素はなんらかの組織と関係しています。たとえば，監査主体である公認会計士が加盟する組織や，財務諸表を作成するための規範や監査を実施するための規範を制定する組織，そして市場全体を監視・監督する組織などがあります。

このように，監査はいろいろな組織と関係して存在しているのです。そのため，監査の役割をよりよく理解するためには，監査に関係のある組織についても知っておく必要があります。本章では，監査を取り巻く組織[1]について学習します。

日本の監査制度は，現在，いろいろな制度改革がなされています。この場合に参考にされているのが，アメリカや国際的な動向です。最初に全体像を表にして，ひとつひとつを説明します。

1　紙面の関係から，組織図を省いた組織もありますが，各組織のホームページで知ることができます。

図表5－1　監査を取り巻く組織

	日本の組織	米国の組織	国際的な組織
会計士の組織	日本公認会計士協会（JICPA）	アメリカ公認会計士協会（AICPA）	国際会計士連盟（IFAC）
会計士を監督する公的な組織	金融庁 公認会計士・監査審査会（CPAAOB）	証券取引委員会（SEC） 公開会社会計監視委員会（PCAOB）	－
会計基準を作成する組織	企業会計基準委員会（ASBJ）	財務会計基準審議会（FASB）	国際会計基準審議会（IASB）
監査基準を作成する組織	企業会計審議会	公開会社会計監視委員会（PCAOB）	国際監査・保証基準審議会（IAASB）

1　日本の組織

1　金融庁

監査を取り巻く組織のうち，日本の公的組織の代表的なものが，**金融庁**です。金融庁は，内閣府のもとで，金融と証券行政を担当しています。具体的には，金融庁は，金融機能の安定と円滑化，および金融分野における消費者（預金者・保険契約者・有価証券の投資者等）の保護という２つの任務を遂行するために，次の活動を行っています。

① 金融制度の企画・立案
② 銀行，証券会社，保険会社などの民間金融機関や証券取引所などの市場関係者などに対する検査・監督
③ 証券市場における取引ルールの設定
④ 企業会計基準の設定その他の企業財務に関すること
⑤ 公認会計士，監査法人等の監督
⑥ 外国の金融監督当局との連携強化
⑦ 国際的なルール策定への参加
⑧ 証券市場等のルール遵守状況等の監視

金融庁は，平成12（2000）年7月に金融監督庁[2]と大蔵省金融企画局の組織と機能が統合されて発足し，平成13（2001）年1月の中央省庁の再編によって新たに内閣府の外局となりました。外局とは，「内閣が統括する府・省の内部部局の外にあって府・省に直属し，特殊の事項を所管する機関」（広辞苑）をいいます。

金融庁の行政上の組織として，金融庁長官のもとに総合政策局，企画市場局，および監督局等がおかれているほか，金融庁から独立して自らの職務にあたる証券取引等監視委員会と公認会計士・監査審査会があります（**図表5－2**）。

2　証券取引等監視委員会（SESC）

証券取引等監視委員会（Securities and Exchange Surveillance Commission, SESC）は，米国の**証券取引委員会**（Securities and Exchange Commission, SEC）を意識して，平成4（1992）年7月に設置された**行政機関**です。SESCのメンバーは，内閣総理大臣によって任命された委員長と2名の委員で構成されており，独立してその職務を遂行します。

SESCは，証券市場や金融先物市場等の日常的な監視や証券会社等に対する検査，有価証券報告書等についての検査，課徴金調査[3]のほか，証券取引にか

2　1998年6月に，それまで大蔵省のもとにあった民間の金融機関に対する検査・監督機能を分離することによって，総理府の外局として設置されました。また，このときに証券取引等監視委員会も大蔵省から金融監督庁に移管されています。

図表５－２　金融庁の組織機構

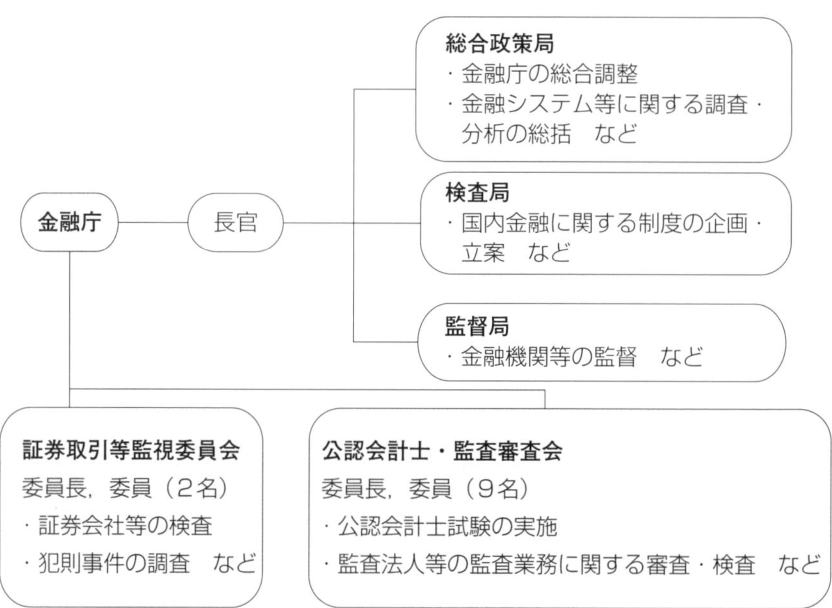

（出所）金融庁HP（http://www.fsa.go.jp/）より一部抜粋して作成。

かる不公正事案や犯則事件の調査を行っています。検査や調査の結果，法令違反行為等がみつかった場合には，SESCは，金融庁長官などに対して，証券取引の公正を確保するために必要な行政処分等や課徴金納付命令等を行うよう勧告することができます。また，犯則事件の調査結果に基づいて刑事告発することもあります。さらに，法律改正を含め必要な措置を講ずるよう金融庁長官などに建議することもできます。

3　平成17（2005）年４月から，証券市場への信頼を害する違法行為に対して，従来の刑事罰に加えて，行政上の措置として違反者に対して金銭的負担を課す課徴金制度が導入されました。この制度の対象となる違法行為は，①不公正取引（インサイダー取引，相場操縦，風説の流布または偽計），②有価証券届出書等の虚偽記載（発行開示義務違反），および③有価証券報告書等の虚偽記載（継続開示義務違反）です。

3　公認会計士・監査審査会（CPAAOB）

公認会計士・監査審査会（Certified Public Accountants and Auditing Oversight Board, CPAAOB）は，平成16（2004）年４月に設置された行政機関です。

2001年12月に米国で発覚した**エンロン事件**に端を発する世界的な会計不信を受けて，国際的に監査の公正性と信頼性が強く求められ，いくつかの国において監査を監視・監督する公的機関が設けられました。日本においても，公認会計士監査制度の充実・強化を目的として，平成15（2003）年５月に**公認会計士法**の改正が行われ，従来の**公認会計士審査会**（Certified Public Accountant Examination and Investigation Board, CPAEIB）が改組・拡充されて，CPAAOBが設置されました。

CPAAOBは，従来CPAEIBが担っていた①公認会計士等に対する懲戒処分等の調査審議（**図表５－３**）と②公認会計士試験の実施に加えて，③日本公認会計士協会（JICPA）が実施する**品質管理レビュー**（**図表５－５**参照）のモニタリングを実施しています。

図表５－３　公認会計士・監査審査会の調査と審査の概要

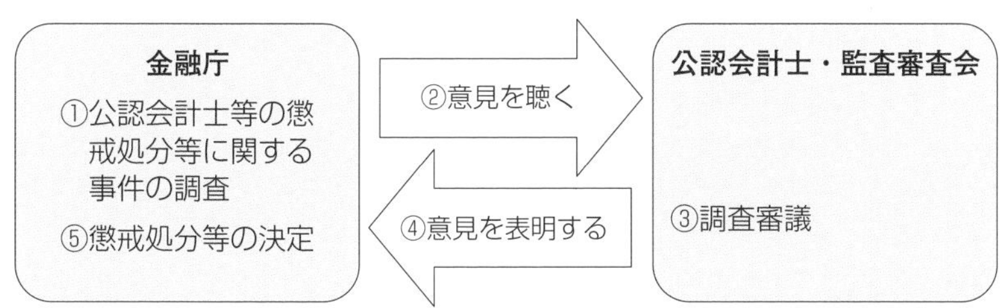

（出所）公認会計士・監査審査会パンフレット（平成28（2016）年10月）に加筆して作成。

4　企業会計審議会

金融庁には，金融行政機関のほか，金融に関するさまざまな問題を専門的に調査審議するために種々の審議会や研究会等が設けられています。それらの審議会や研究会のうち，主に企業会計に関する問題を取り扱っているのが，**企業会計審議会**です。「企業会計審議会は，企業会計の基準及び監査基準の設定，原価計算の統一その他企業会計制度の整備改善について調査審議し，その結果を内閣総理大臣，金融庁長官又は関係各行政機関に対して報告し，又は建議する」（金融庁組織令第24条２項）ことを目的としています。

企業会計審議会の前身は，昭和23（1948）年６月に当時の経済安定本部に設置された企業会計制度対策調査会です。企業会計制度対策調査会はその後昭和25（1950）年５月に企業会計基準審議会と改称され，さらに昭和27（1952）年７月に大蔵省に移管された後の同年８月に，企業会計審議会と改組改称されました。企業会計審議会は，平成12（2000）年７月の金融庁の発足にあわせて大蔵省から金融庁に移管されましたが，かつては大蔵大臣の諮問機関として，また，日本で唯一の**基準設定主体**として，日本の企業会計のルールを設定してきました。具体的には，企業会計審議会は，財務諸表を作成するための規範として**企業会計原則**や種々の会計処理基準を，また，監査を実践するための規範として**監査基準**を公表するだけでなく，日本の企業会計に関する数多くの基準や意見書を公表しています（**図表５－４**）。その後，企業会計審議会は，平成15（2003）年10月に「企業結合に係る会計基準の設定に関する意見書」の公表をもって官による会計基準設定機関としての役目を終えましたが，現在も，企業会計に関する調査審議を行うとともに，監査基準設定機関としての役割を担っています。

図表５－４　企業会計審議会が公表した代表的な会計基準

- 企業会計原則（1949年７月９日）
- 監査基準（1950年７月14日）
- 原価計算基準（1962年11月８日）
- 連結財務諸表原則（1975年６月24日）
- 外貨建取引等会計処理基準（1979年６月26日）
- セグメント情報の開示基準（1988年５月26日）
- リース取引に係る会計基準（1993年６月17日）
- 連結キャッシュ・フロー計算書等の作成基準（1998年３月13日）
- 退職給付に係る会計基準（1998年６月16日）
- 金融商品に係る会計基準（1999年１月22日）
- 企業結合に係る会計基準（2003年10月31日）

また，現在，企業会計審議会にかわって，民間機関の財務会計基準機構（Financial Accounting Standards Foundation, FASF）の下部組織である**企業会計基準委員会**（Accounting Standards Board of Japan, ASBJ）が日本の会計基準設定主体としての役割を担っています。FASFは経団連，日本公認会計士協会，全国証券取引所協議会，全国銀行協会，経済団体連合会といった主要な経済団体，一般事業会社，監査法人，銀行，保険会社，個人などが出資して，平成13（2001）年7月26日に設立された財団法人で，「一般に公正妥当と認められる企業会計の基準の調査研究・開発，ディスクロージャー制度その他企業財務に関する諸制度の調査研究及びそれらを踏まえた提言並びに国際的な会計制度への貢献等を行い，もってわが国における企業財務に関する諸制度の健全な発展と資本市場の健全性の確保に寄与することを目的」としています。

5　日本公認会計士協会（JICPA）

日本公認会計士協会（The Japanese Institute of Certified Public Accountants, JICPA）は，日本で唯一の公認会計士の団体です。JICPAは昭和24（1949）年10月に任意団体として発足し，その後，昭和41（1966）年12月に公認会計士法のもとでの特殊法人となりました。日本では，公認会計士はJICPAに加入することによってはじめて公認会計士としての業務を営むことができます。裏を返せば，試験に合格してもJICPAに加入しなければ，日本で公認会計士の仕事をすることができないということです。令和元（2019）年11月末日時点で32,000人（239監査法人を含む）の会員がJICPAに加入しています。

JICPAは，公認会計士の品位を保持し，財務書類の監査業務や証明業務の改善・進歩を図るため，会員の指導・連絡・監督に関する事務を行い，公認会計士の登録に関する事務を行うことを目的としています。このため，JICPAは，各種の委員会を設けて，次の活動を行っています。

① 公認会計士の遵守しなければならない職業倫理に関する規範の策定と，その保持高揚（総務委員会，綱紀委員会）

② 各公認会計士業務に関する講習会・研究会を開催する等会員の資質向上のための諸施策の実施（研修委員会など）

③ 監査・会計に関する理論・実務の調査研究や企業会計制度の確立のための諸施策の実施（監査基準委員会，監査委員会，会計制度委員会）
④ 会計士補の指導教育（実務補習協議会）
⑤ 国際的な分野における会計士団体の活動への積極的参加（国際委員会）
⑥ 公認会計士業務や制度に関する官公庁への建議（公認会計士制度委員会）
など

③に関して，JICPAは，公認会計士が監査をするときに，具体的な会計問題を判断するためのより所となる指針や意見書を公表しています。これらは，いずれも「一般に認められた企業会計の基準」を構成するものとみなされています。また，⑤に関して，JICPAは，国際会計基準委員会（IASC，現在の国際会計基準審議会（IASB））や国際会計士連盟（IFAC）の創設以来の理事会メンバーとして活躍しています[4]。このほか，JICPAは全国を16の地域会に分け，その地域会に所属する会員の資質向上と，地域に密着した活動を行っています。

また，JICPAでは，1999年４月から**品質管理レビュー**を行っています。この品質管理レビューとは，公認会計士や監査事務所等が行った監査を他の監査人がチェックすることです。第三者によるチェックが入ることで，監査の品質を高めることができると期待されています。米国では，1977年から実施されています。日本の品質管理レビュー制度は，JICPAが自主規制として実施している制度で，公認会計士，外国公認会計士，監査法人や外国監査事務所等の監査事務所等が行った監査の品質管理の状況等をJICPAがレビューし，必要に応じて監査事務所等に対して改善勧告するというものです。この制度は，監査業務の適切な質的水準の維持・向上を図ることで，監査に対する社会的信頼を維持・確保することを目的としています。さらに，平成16（2004）年４月からは，JICPAが実施した品質管理レビューを**公認会計士・監査審査会**（CPAAOB）がモニタリングしています（**図表５－５**）。

4　これらの国際的な組織については，３「国際的な組織」でとり上げます。

図表５－５　公認会計士・監査審査会

金融庁
⑤処分等の勧告
公認会計士・監査審査会
③審査
②品質管理レビュー結果の報告
④検査
⑥行政処分その他の措置
日本公認会計士協会
④検査
①品質管理レビューの実施
監査事務所
監査
被監査会社

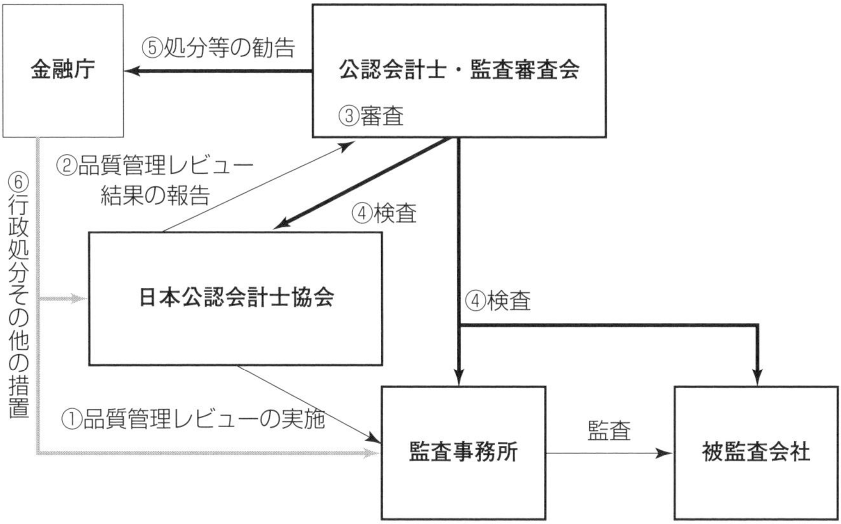

（出所）公認会計士・監査審査会パンフレット（平成28（2016）年10月）に加筆して作成。

2　米国の組織

1　証券取引委員会（SEC）

監査を取り巻く組織のうち，米国の公的組織の代表的なものとして，**証券取引委員会**（Securities and Exchange Commission, SEC）があります。

米国では，1929年10月にニューヨーク証券取引所で株価が大暴落し，世界的な大恐慌を引き起こしました。その後，米国では，崩壊した証券市場を再建するため，1933年に**連邦有価証券法**（Securities Act of 1933）が，1934年には**連邦証券取引所法**（Securities and Exchange Act of 1934）が制定され，これら証券二法により，米国の上場会社は，監査済の財務諸表をSECに提出することが義務づけられました。

SECは，1934年の証券取引所法によって設立された連邦政府機関で，大統領の指名を受けた５名の委員と，約3,500名の職員から構成されています。SEC

の任務は，投資者を保護し，公正かつ秩序だった効率的な証券市場を維持し，そして，資本形成を促進することです。このため，SECには議会から企業の会計実務を規制できる法的権威が与えられており，証券取引に関する法の執行と監視を行っています。

SECは，インサイダー取引や株価操作などの法令違反事件を捜査・告発する権限や，虚偽または不当な監査証明を行った会計士に対して懲戒処分を行う権限を有しています。つまり，SECは，SESCとCPAAOBの両方の機能を兼ね備えているのです。

これらに加えて，SECは，会計原則を制定する権限も有しています。しかしながら，SECは自らが会計原則を設定するのではなく，現在は，**財務会計基準審議会**（Financial Accounting Standards Board, FASB）の作成する**財務会計基準書**（Statements of Financial Assounting Standards, SFAS）を承認するという立場をとっています。

2 財務会計基準審議会（FASB）

FASBは，米国の会計基準を制定するために，1972年6月に設立された民間の組織です。

従来，米国では，**アメリカ公認会計士協会**（American Institute of Certified Public Accountants, AICPA）が会計基準を制定していました。しかし，1960年代に頻発した企業破綻にともなって粉飾や会計不正が発覚し，これに関連して監査の失敗をめぐる訴訟が相次ぎ，公認会計士が監査をする際の判断規準となる会計基準を会計士自らが制定することに対する批判が高まりました。そこで，政府機関や公認会計士業界から独立して会計基準を制定する組織として設立されたのがFASBです。

FASBは，1973年以降，米国の会計基準であるSFASを公表しています。このFASBの公表するSFASは，SECによって「実質的に権威ある会計原則」であるとみなされると同時に，AICPAの倫理規定によってAICPAの会員が遵守することが義務づけられています。つまり，米国においては，FASBの作成する会計基準は，財務諸表の作成規範となるとともに，監査意見を形成する際の基礎にもなっています。

3　アメリカ公認会計士協会（AICPA）

米国では，公認会計士の資格が州ごとに与えられるため，州ごとに公認会計士協会があります（資格試験は，各州の委託を受けて，AICPAが統一試験を実施）。それと同時に米国では，会計士の全国的な組織としてAICPAがあり，米国の公認会計士は，地域ごとの協会かAICPAのいずれか，もしくは両方の会員になります。

AICPAの歴史は1887年まで遡ります。この年，AICPAの前身となるアメリカ公共会計士協会（American Association of Public Accountants：AAPA）が設立されました。AAPAは1916年に改組し，その翌年にアメリカ会計士協会（American Institute of Accountants, AIA）と改称しました。その後，1957年にAICPAと名称変更しています。

AICPAは，AIAの時代を含めて，1930年代以降，米国の会計基準と監査基準の両方を作成・公表していました。その後，会計基準の作成・公表についてはFASBへ，監査基準の作成・公表についてはPCAOBへ，その任務を引き継いでいます。

また，1960年代の企業破綻と会計不正に関連した監査の失敗を受けて，AICPAは1977年以降，**ピア・レビュー**（peer review）を制度化すると同時に，**公共監視審査会**（Public Oversight Board, POB）を設置して，AICPA内部の監査業務審査やピア・レビューの状況を監視していました。ピア・レビューとは，ある公認会計士の実施した監査について，同じく公認会計士である“同僚”が調査することで，同僚査察もしくは同僚評価ともいいます。

4　公開会社会計監視委員会（PCAOB）

米国の総合エネルギー会社のエンロンの破綻（2001年12月）にともなって発覚した巨額の粉飾決算事件は，米国のみならず，世界的な会計不信を引き起こしました。この世界的な会計不信のなか，AICPA主導のピア・レビュー制度に対する批判が高まり，前述のPOBは自主解散しました。その後，米国では，2002年７月に**企業改革法**（Sarbanes-Oxley Act, SOX法）が制定され，POBに代わる独立的な監視機構として**公開会社会計監視委員会**（Public Company

Accounting Oversight Board, PCAOB）がSECの管理下に設置されました。

PCAOBの任務は，米国における公開会社の監査報告書を作成する会計事務所の監査業務の品質を監視することです。このため，PCAOBは，SECより，①公開会社の監査を行う会計事務所の登録，②監査の品質管理，倫理，独立性その他監査報告書の作成に関する基準の設定，③登録している会計事務所の検査，④登録している会計事務所とその関係者に対する調査・懲戒・制裁，および⑤PCAOBの活動に関する予算と管理に関する権限を与えられています。

3 国際的な組織

1 国際会計基準委員会（IASC）と国際会計基準審議会（IASB）

企業の経営活動が国際化・グローバル化するなか，各国の会計制度（会計基準や開示基準）は国ごとに異なっています。企業が海外で資金調達を行うためには，各国の投資者が適切な投資意思決定ができるように，各国の会計制度を調整して，公表される財務諸表の作成基準を世界的に共通化する必要があります。

このような世界的に共通する会計基準を作成・公表している組織が，**国際会計基準委員会**（International Accounting Standards Committee, IASC）と**国際会計基準審議会**（International Accounting Standards Board, IASB）です。

IASCは，オーストラリア，カナダ，フランス，西ドイツ，日本，メキシコ，オランダ，英国，および米国の公認会計士団体によって1973年6月にニューヨークに設立された国際機関です。IASCは世界標準となる会計基準の確立を目指して，1975年から1998年まで**国際会計基準**（International Accounting Standards, IAS）を作成・公表してきました。2000年5月には，世界各国の証券監督当局で構成される国際機関である**証券監督者国際機構**（International Organization of Securities Commissions, IOSCO）が，IASCの作成した30のIASを承認し，IASは**グローバル・スタンダード**として適用されるようになりました。その後，IASCの役割はIASBに引き継がれています。

一方のIASBは，IASCの後継組織として2001年4月にロンドンに設立されました。それまでIASCが作成・公表していたIASに代えて，IASBは**国際財務報告基準**（International Financial Reporting Standards, IFRS）を作成・公表しています。また，IASBは，IFRSを作成するだけでなく，現行のIASの問題点の改善や概念フレームワークの見直しといったさまざまなプロジェクトを展開しています。

IASやIFRSは，監査人がグローバルな事業活動を行っている企業や多国籍企業の財務諸表を監査する際には，重要な財務諸表の作成規範となります。会計基準の世界的共通化・標準化が急速に進むなか，IFRSを作成したり，IASの問題点を改善したりしているIASBは財務諸表監査に大きな影響を及ぼす組織であるといえます。

2　国際会計士連盟（IFAC）

公認会計士の国際的な組織として，**国際会計士連盟**（International Federation of Accountants, IFAC）があります。IFACは会計専門職の発展を目指してニューヨークを本部として1977年に設立されました。JICPAはIFAC設立当初から加盟しています。IFACには2017年には130の国と地域から175以上の団体，300万人超の世界の会計士が加盟しています。

IFACの目的は，「公益のため，高品質の職業専門家の基準を遵守することを確立・推進し，かかる基準を世界的に収斂させるとともに，公益問題について自由に発言することによって，世界的な会計専門職を強化し，また，国際経済の発展に寄与すること」です。この目的を達成するため，IFACは，国際的な監査基準や公会計基準に加えて，監査業務に携わる会計士の倫理規則も設定しています。とくに国際的な監査基準である**国際監査基準**（International Standards of Auditing, ISA）については，基準の利用者に理解しやすくし，IOSCOの承認を得るための全面的な見直し作業（クラリティ・プロジェクト）が2009年３月に完了し，IOSCOは2009年６月にISAを承認しました。

その一方で，世界的な会計不信に対して，IOSCO等は，監査への国際的信頼を確保するため，2005年３月に**公益監視委員会**（Public Interest Oversight Board, PIOB）を組織し，IFACによる基準設定活動を公益的な観点から監視しています。

◆練習問題

1．次の記述のうち，正しいものには○を，間違っているものには×を付し，各々の理由を簡潔に述べなさい。

① 日本の会計基準と監査基準は，第２次大戦後から現在に至るまで一貫して，公的組織が作成・公表しています。

② 日本の品質管理レビューは，日本公認会計士協会（JICPA）の公認会計士・監査審査会（CPAAOB）が実施しています。

③ 米国の会計基準は1930年代以降現在に至るまで一貫して，民間の組織が作成・公表しています。

④ 国際的な会計基準である国際会計基準（IAS）と国際財務報告基準（IFRS）は，ともに証券監督者国際機構（IOSCO）による承認を得ています。

⑤ 国際的な監査基準である国際監査基準（ISA）は，証券監督者国際機構（IOSCO）による承認を得ています。

2．企業会計審議会とはどのような組織ですか。また，企業会計審議会の監査に対する役割はどのようなものですか。

３．公認会計士・監査審査会とはどのような組織ですか。

４．次の文章にあてはまる組織の名称を答えなさい。

①　日本において財務諸表の作成規範を作成・公表している組織

②　日本において監査の実践規範を作成・公表している組織

③　米国において財務諸表の作成規範を作成・公表している組織

④　米国において監査の実践規範を作成・公表している組織

⑤　米国において会計士等の実施した監査の品質を確かめている公的組織

⑥　国際的な財務諸表の作成規範を作成・公表している組織

⑦　国際的な監査の実践規範を作成・公表している組織

《解答》

１．

①　×：平成15(2003)年まで会計基準と監査基準はともに公的組織(主に企業会計審議会)が作成・公表してきましたが，平成15年以降は，民間の組織である企業会計基準委員会（ASBJ）が会計基準を作成・公表しています。

②　×：日本においては，JICPAが自主規制として実施した品質管理レビューを行政機関であるCPAAOBがモニタリングしています。

③　○：米国の会計基準は，1930年代から1973年までは公認会計士協会が，1973年以降は財務会計基準審議会（FASB）が作成・公表しています。いずれも民間の組織です。

④　○：IOSCOは2000年５月にIASを承認しているため，IASの後継基準であるIFRSもIOSCOの承認を得ているとみなすことができます。

⑤　○：2009年６月にIOSCOはISAを承認しました。

２．企業会計審議会は，金融庁長官（かつては大蔵大臣）の諮問機関で，企業会計に関する諸問題を専門的に調査審議しています。かつては日本で唯一の基準設定主体として，日本の企業会計に関するルールを作成・公表していました。これらのルールは，財務諸表の作成規範もしくは監査の実践規範となります。その後，民間団体の企業会計基準委員会が企業会計審議会に代わって会計基準を作成・公表していますが，企業会計審議会は現在も企業会計に関する調査審議を行うとともに，監査基準を作成・公表しています。

３．公認会計士･監査審査会は，金融庁の行政機関のひとつです。公認会計士･監査審査会は，①公認会計士等に対する懲戒処分等の調査審議，②公認会計士試験の実施に加えて，③日本公認会計士協会（JICPA）が実施する品質管理レビューのモニタリングを実施しています。

4．①企業会計基準委員会（かつては企業会計審議会），②企業会計審議会　③財務会計基準審議会（FASB）（かつてはアメリカ公認会計士協会（AICPA）），④アメリカ公認会計士協会（AICPA），⑤公開会社会計監視委員会（PCAOB），⑥国際会計基準審議会（IASB）（かつては国際会計基準委員会（IASC）），⑦国際会計士連盟（IFAC）

第6章 監査基準（目的基準と一般基準）

財務諸表監査には，法律で定められた法定監査と企業が自発的に実施する任意監査があります。これら財務諸表監査を実施する人たちが，公認会計士または監査法人です。

とくに，法定監査の場合，財務諸表監査の社会に与える影響を考えて，財務諸表監査を担当する人や財務諸表監査の実施方法や報告の仕方についてルールを定めています。このルールが監査基準（auditing standards）といわれるもので，最初は職業的専門家が遵守すべき基準としてアメリカで議論され，その後，わが国においては，戦後に法定監査制度が導入されたこともあり，監査基準は利害調整の基準という性格ももって紹介されています。たとえば，監査基準の改訂はいろいろな関係者の利害に影響するため，各種関係者が集まって監査基準の改訂内容を検討します。

また，監査基準は，監査環境の変化に対応して改訂され，具体的監査指針は国際的な影響を受けています。本章では監査基準の改訂の歴史を学び，現行の監査基準の内容を学習します。

1 監査基準の意義および社会的役割

財務諸表監査は，制度として社会的に円滑に運用される必要があります。そのためには，次の点について一定の枠組みを定め，監査制度に対する一般の利害関係者の信頼に応える必要があります。

① 職業的専門家としての監査人の資格や専門能力，監査責任等についてのルール

② 監査の実施・報告等監査人の監査判断を規制するルール

この２つのルールが，『一般に公正妥当と認められる監査の基準』（以下『監査の基準』と称する）です。監査の基準は法律ではありません。そのため，金融商品取引法の監査を法定化する法律は，『監査の基準』の法的拘束力を明文化しています（金融商品取引法第193条の２第５項・監査証明府令第３条３項）。

監査の基準は，基準を公表する機関の違いによって次の２種類の基準で構成されています。

① 政府の機関である企業会計審議会が公表する『**監査基準**』
② 民間の機関である日本公認会計士協会が公表する『**監査実務指針**』

公認会計士になるための試験では，②の内容を勉強する必要があります。皆さんのすべてが受験生ではありませんので，①の「監査基準」を中心に説明します。

制定当初，監査基準は，監査実務の中に慣習として発達したもののなかから，一般に公正妥当と認められたところを帰納要約した原則とされ，監査基準は，法令によって強制されなくても，常にこれを遵守しなければならないものとされていました（昭和25年監査基準）。しかし，監査基準の性格は，個々の監査人のみならず，組織としての監査事務所の規制，さらに国際的動向への対応など変化がみられます。

2　わが国「監査基準」の改訂の経緯と体系

第二次世界大戦後，アメリカを中心とする連合国軍最高司令官総司令部によって，証券取引の民主化を達成するために，アメリカの制度をお手本として公認会計士による財務諸表監査制度が誕生するに至りました。

この財務諸表監査制度をうまく船出させるために，第１章で説明したようにまず証券取引法と公認会計士法を制定し，昭和24（1949）年には，財務諸表の適正性を判断する会計基準である「企業会計原則」を公表しました。さらに昭和25（1950）年には，公認会計士が監査を実施する際に準拠すべきルールとなる「監査基準」と実務指針「監査実施準則」，昭和31（1956）年には「監査報告準則」を公表しました。これらの諸基準が公表されることにより，財務諸表監査を実施する環境整備が整いました。

その後，監査の基準の不備がたびたび指摘され，監査の基準が改訂されました。つまり，大型の粉飾決算が発覚する都度，監査の基準が政府の機関（企業会計審議会）により改訂されています。これはわが国監査基準の特徴です。約65年にわたる改訂の歴史を一覧表にすると**図表６－１**のようになります。

1　監査基準（平成14年）の全面改訂

平成14（2002）年改訂の「監査基準」の前文は，監査基準の本体の２倍の紙面を費やして，①改訂の経緯，②改訂基準の性格・構成・位置付け，③主要改訂点，に分けて詳細に説明しています。全面改訂として位置づけることができます。また，最近では，改訂の審議は金融庁のホームページでも知ることができます。

平成14年改訂の背後には，資本市場や企業活動の国際化，企業が採用する情報技術の高度化，経営破綻企業における不正と監査の有効性に対する社会からの批判，コーポレート・ガバナンスの変化と国際監査基準の展開などがありました。これらを受けて，85頁の内容が重要な改訂点とされました。

図表6－1　監査の基準の改正史

昭和25（1950）年７月	「監査基準」および「監査実施準則」の設定：公認会計士が財務諸表監査を実施するための規範の設定
昭和31（1956）年12月	「監査基準」・「監査実施準則」の改訂および「監査報告準則」の設定：正規の財務諸表監査の実施（昭和32年１月１日から開始）のための規範の設定
昭和40（1965）年９月	「監査実施準則」の改訂：山陽特殊製鋼事件を契機として，粉飾決算に対する摘発の強化（実査，立会，確認など）「正規の監査手続」を「通常の監査手続」に用語変更
昭和41（1966）年４月	「監査基準」・「監査報告準則」の改訂：粉飾決算摘発の強化のための改訂。「概ね適正」意見の排除など
平成３（1991）年５月	「監査基準」・「監査報告準則」の改訂：中間報告
平成３（1991）年12月	「監査基準」・「監査実施準則」・「監査報告準則」の全面改訂：不正摘発の強化
平成14（2002）年１月	「監査基準」の全面的改訂。「監査実施・報告準則」の廃止と「監査基準」への統合：不正摘発の徹底・ゴーイング・コンサーン監査規定の新設・リスク・アプローチの徹底
平成14（2002）年12月	「中間監査基準」の全面改訂
平成17（2005）年10月	「監査基準」の部分改訂：リスク・アプローチの改訂版の導入
平成17（2005）年10月	「品質管理基準」の設定
平成19（2007）年２月	「内部統制評価・実施基準」の設定
平成21（2009）年４月	「監査基準」の部分改訂
平成22（2010）年３月	「監査基準」の部分改訂：報告基準関係の改訂
平成25（2013）年３月	「不正リスク対応基準」の設定
平成26（2014）年２月	監査の目的基準の追加
平成30（2018）年７月	「監査上の主要な検討事項」の設定

（出所）加藤恭彦他編著『監査論講義』（平成15年）第５章一部追加。特に，平成14（2002）年と17（2005）年の改訂が重要です。

① 不正を発見する姿勢の強化
② ゴーイング・コンサーン問題への対処
③ リスク・アプローチの徹底
④ 新たな会計基準への対応
⑤ 監査報告書の記載内容の充実等が改訂

企業会計審議会は，公認会計士監査の最大公約数的な実務を標準化するという方針ではなく，将来にわたっての公認会計士監査の方向性を捉え，また，国際的にも遜色のない監査の水準を達成できるように，監査基準の内容を組み替えました。

この結果,『監査の基準』の構成は,従来の構成を変更し,目的基準･一般基準･実施基準―基本原則・個別原則―・報告基準―基本原則・個別原則―と「監査実務指針」としました。

[主要改訂点]

① 監査の目的の新設

従来，監査基準では監査の目的を明確にしませんでした。そのために，監査の役割について種々の解釈を生じさせた結果,監査人と利害関係者との間で｢期待ギャップ」を生じさせました。適正性意見として，監査の目的を明確化することは，監査基準の枠組みを決めることになります。そのために，監査の目的の基準が新設されることになりました。監査の目的の内容は以下のとおりです。

1．二重責任の原則を明示したこと。
2．監査人の意見は，監査証拠に基づいて判断した結果であることを明示したこと。
3．財務諸表の種類，監査制度や契約事項等の相違によって，監査意見の表明形式が異なってくることを明示したこと。
4．「財務諸表の適正表示」という監査意見は,財務諸表には,全体として重要な虚偽表示がないことの合理的な保証を得たという監査人の判断が含まれていることを明確にしたこと。
5.「合理的な保証を得た」とは，財務諸表の性格の特徴（経営者による見積の要素の介入）や監査の特性（試査）等の制約条件のもとで，監査人が絶対的ではないが相当程度の心証を得たことを意味していること。

監査意見の準拠性意見としての監査の目的の基準については，別に，平成26（2014）年に追加されました。

② 一般基準の改訂点

専門的能力の向上と知識の蓄積，公正不偏の態度と独立性，職業的懐疑心，不正等に起因する虚偽表示への対応，監査調書，監査の品質管理，守秘義務等の要件を一層徹底させており，それらのなかで人的基準に該当する部分は，「倫理規則」にその解釈指針を求め，それ以外の監査の行為基準に該当する部分は「監査基準委員会報告書」にその解釈指針を求めています。

③ 実施基準の改訂点

リスク・アプローチの明確化，監査上の重要性の適用，内部統制概念の拡充，継続企業の前提に関する意見表明，ITの利用と監査の対応，その他（監査計画の充実，監査要点と監査証拠，監査手続，会計上の見積の合理性，経営者確認書，他の監査人の監査結果の利用）等によって，財務諸表の重要な虚偽表示の発見およびこれに伴うリスク・アプローチによる監査戦略の徹底化を目指しています。

④ 報告基準の改訂点

適正性の判断（３つの記載要件を廃止して実質的判断），監査報告書の充実（とくに，実施した監査の概要の記載の充実），追記情報（特記事項の廃止と監査意見の表明との明確な区分）等が改訂されました。とくに適正性の判断に際して，会計基準への準拠性・会計方針の適用の継続性・表示方法の基準への準拠性という従来の形式的な監査判断を改めて，会計方針の選択・適用方法が会計事象・取引の実態を適切に反映しているかどうかという実質的な監査判断の必要性を強調しています。

会計基準等が明確でない場合，会計基準等において詳細な定めがない場合，新しい会計事象や取引（複雑な金融取引，情報技術を利用した電子的取引）の場合，監査人は自己の判断で評価しなければなりません。これは，「会計上の見積の監査」に際して，経営者が行った会計判断の妥当性の監査にみられます。

2　監査基準（平成17年）の部分改訂

平成14（2002）年改訂後，２つの点が明らかになりました。

１つは証券取引法上のディスクロージャーをめぐり不適切な事例が相次ぎ，公認会計士・監査審査会のモニタリングの結果等からは，リスク・アプローチが適切に適用していないこと。

また２つ目は，「監査基準」をめぐる国際的な動向をみて，リスク・アプローチの適用等に関する基準の改訂（国際監査・保証基準審議会）が精力的に進められていること。

その結果，平成17（2005）年には，５つの部分改訂を行っています。

① **事業上のリスクを重視したリスク・アプローチの導入**
② 「重要な虚偽表示のリスク」の評価（固有リスクと統制リスクの結合）
③ 「財務諸表全体」および「財務諸表項目」の２つのレベルでの評価
④ **「特別な検討を必要とするリスク」**への対応
⑤ 経営者が提示する財務諸表項目と監査要点

監査の基準については，国際的動向も指摘しておく必要があります。

海外の動きとして，国際会計士連盟に設置された**国際監査・保証基準審議会**（IAASB）が監査基準の国際化の作業をしてきました。従来の監査基準は内容が複雑で，分量が多く長文で理解しづらいという批判にこたえるものでした。その作業はクラリティ・プロジェクト（全面的書換え）とよばれるもので，2003年に起草方針の検討開始，2009年に作業を終えました。その結果，わが国のクラリティ版監査基準委員会報告書は，監査実務指針を①要求事項，②適用指針に分けて，説明しています。**要求事項**は必ず遵守すべき事項です。

3 監査の基準の階層化

1 目的基準

監査の目的基準の規定と内容は，以下のとおりです。

> **第一 監査の目的**
>
> 1　財務諸表の監査の目的は，経営者の作成した財務諸表が，一般に公正妥当と認められる企業会計の基準に準拠して，企業の財政状態，経営成績及びキャッシュ・フローの状況をすべての重要な点において適正に表示しているかどうかについて，監査人が自ら入手した監査証拠に基づいて判断した結果を意見として表明することにある。
>
> 財務諸表の表示が適正である旨の監査人の意見は，財務諸表には，全体として重要な虚偽の表示がないということについて，合理的な保証を得たとの監査人の判断を含んでいる。
>
> 2　財務諸表が特別の利用目的に適合した会計の基準等により作成される場合には，当該会計の基準等に準拠して作成されているかどうかについて，意見として表明することがある。

目的基準は，第１項として，金融商品取引法監査や会社法の会計監査人監査の目的，さらに，平成26年改訂「監査基準」では，第２項の特定目的の財務諸表の監査の規定が追加されました。

第１項の規定化の理由は，**期待ギャップ**の溝を狭め，解消するとともに，監査基準の枠組みを決めるためです。平成14年の改訂の監査の目的は，一般目的の財務諸表監査の目的について定めていました。

この期待ギャップとは，監査の結果を利用する人たちが公認会計士監査に対する期待と公認会計士監査ができるものとの差のことです。利用者は投資した企業の財務的困窮度について早期に情報を提供して欲しい，あるいは監査人にはすべての不正を摘発してほしいという期待があります。

①　経営者の作成した財務諸表に対して監査人が意見を表明することを明確にすることによって，経営者の責任（財務諸表の作成）と監査人の責任（財務諸表の適正表示に関する意見表明）との責任区分を明示しています（二重責任の原則）。

②　監査人が表明する監査意見は，財務諸表が会計基準への準拠性に基づいて，企業の財政状態，経営成績及およびキャッシュ・フローの状況を，すべての重要な点において，適正に表示しているかどうかについて，監査証拠に基づいて判断した結果を表明したものです。

③　監査人の適正性判断には，財務諸表には全体として重要な虚偽表示がないことの合理的な保証を得たとの判断が含まれています。

④　合理的保証とは，財務諸表の性格（見積りの要素）や監査の特性（試査等）の制約から，保証は絶対的ではありませんが，合理的保証とは監査人が相当程度の心証を得たことを意味しています。その結果，無限定適正意見は，財務諸表には全体として重要な虚偽表示がないことについて，合理的な範囲での保証が得られたことと意味します。

第２項の規定化の理由は，特別目的の財務諸表の監査目的を規定したものです。平成26年２月に追加されました。監査業務の範囲の拡大化に対応しています。財務諸表利用者がもう少し狭い場合を想定した場合です。準拠性の監査の場合には，監査人には財務諸表全体についての評価の判断は求められていません。

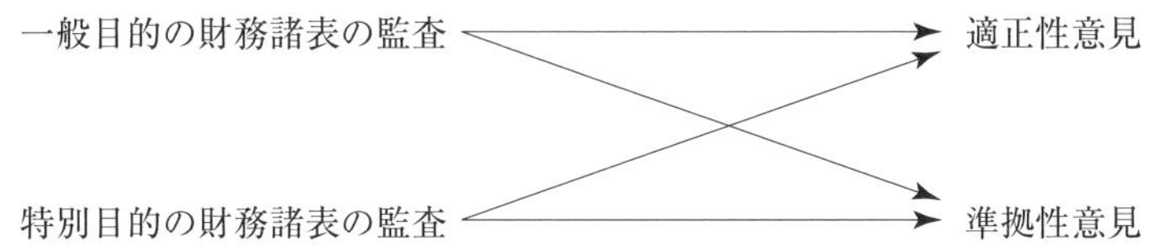

2　一般基準

一般基準は，会計の職業的専門家としての資質および資格要件を規制した人的基準のみならず，監査業務の実施上遵守すべき要件を規制した全般的な行為基準です。前者の人的基準には，以下の１～３がそれぞれ該当し，後者の全般的な行為基準には，以下の４～８がそれぞれ該当します。

一般基準の規定を掲げ，解説します。

第二 一般基準

1　監査人は，職業的専門家として，その専門能力の向上と実務経験等から得られる知識の蓄積に常に努めなければならない。

2　監査人は，監査を行うに当たって，常に公正不偏の態度を保持し，独立の立場を損なう利害や独立の立場に疑いを招く外観を有してはならない。

3　監査人は，職業的専門家としての正当な注意を払い，懐疑心を保持して監査を行わなければならない。

4　監査人は，財務諸表の利用者に対する不正な報告あるいは資産の流用の隠蔽を目的とした重要な虚偽の表示が，財務諸表に含まれる可能性を考慮しなければならない。また，違法行為が財務諸表に重要な影響を及ぼす場合があることにも留意しなければならない。

5　監査人は，監査計画及びこれに基づき実施した監査の内容並びに判断の過程及び結果を記録し，監査調書として保存しなければならない。

6　監査人は，自らの組織として，すべての監査が一般に公正妥当と認められる監査の基準に準拠して適切に実施されるために必要な質の管理（以下「品質管理」という。）の方針と手続を定め，これらに従って監査が実施されていることを確かめなければならない。

7　監査人は，監査を行うに当たって，品質管理の方針と手続に従い，指揮命令の系統及び職務の分担を明らかにし，また，当該監査に従事する補助者に対しては適切な指示，指導及び監督を行わなければならない。

8　監査人は，業務上知り得た事項を正当な理由なく他に漏らし，又は窃用してはならない。

①　専門能力の向上と実務経験に基づく知識の蓄積

会計専門職業の資格に対する教育要件の高度化と資格取得後の**継続的専門研修**（CPE）の必要性が強調されました。また，資本市場のグローバル化と会計情報の共通化ならびに監査の保証水準の標準化等の要請から，教育要件の世界標準化が進展していくことが予想されています。

②　公正不偏の態度（精神的独立性）と外観的独立性

公正不偏の態度は，監査の基本的要素です。公正不偏の態度は，監査における事実の認定，処理の判断，意見の表明という監査の全プロセスにおいて遵守しなければならない精神的独立性です。他方，外観的独立性は，監査人に対する社会からのイメージの問題です。外部の利害関係者に対して監査人が公正な監査判断を下していることを確信させるとともに監査制度が社会的から信頼されるために不可欠な要素です。しかし，監査人が被監査会社から監査報酬を得ていることが，独立性に抵触しないかという問題が指摘されています。

③　職業的専門家としての正当な注意義務と職業的懐疑心

監査人には，監査計画の策定から，その実施，監査証拠の評価，監査意見の形成に至るまで，財務諸表に重要な虚偽表示が存在するおそれに常に注意を払うことが求められています。そのため，職業的懐疑心を保持すべきことがとくに強調されています。この**職業的懐疑心**とは，経営者などの正直とか誠実性について，監査人が過去に知りえたことを鵜呑みにしない態度をいいます。

④　不正・違法行為による重要な虚偽表示の可能性評価

監査人は，財務諸表には，全体として重要な虚偽表示がないことについて，合理的な保証を得たとの判断をしなければなりません。重要な**虚偽表示**の多くは，不正な財務報告（粉飾決算）または資産の流用等の行為を隠蔽するために，意図的に虚偽の記録や改ざん等に起因するものと考えられています。

違法行為については，それ自体を発見することは監査人の責任ではありません。しかし，それが会計処理に影響を及ぼす場合には，監査人は不正等を発見した場合に準じて対処しなければなりません。たとえば，総会屋への利益供与を考えてみてください。

⑤　監査調書の記録と保存

監査調書とは，実施した監査手続，入手した監査証拠および監査人が到達した結論を記録に残したものです。監査調書には，通常，紙媒体と電子媒体があります。

企業の大規模化と企業活動の複雑化により，監査人の作業や判断を組織的に管理するとともに，説明責任を果たすために，監査計画の策定から監査意見の形成に至る全監査過程を記録に残しておくことが必要となっています。

⑥ 組織（監査事務所）における監査の品質管理

この規定6と7は，平成14年の改訂監査基準では1つの基準として設けられ，その後平成17年改訂では2つに分けられました。

わが国で法定監査制度が始まったころと比較して，大規模な監査法人で監査が実施されるようになりました。監査の品質を確保するには，個人監査事務所と監査法人の組織的監査という環境変化も考慮し，監査の品質を維持する必要があります。監査契約の受任・更新，監査計画の策定，監査業務の実施，監査報告書発行までのシステムの整備・運用がシステムとして重要です。

⑦ 監査業務における品質管理

監査の品質を確保するには，監査チームが個々の監査現場で監査事務所ごとに定められた品質管理の方針や手続に従い，指揮命令の系統や職務分担を明らかにしたうえで監査業務を遂行することが求められています。品質管理は，監査補助者を監督する場合，他の監査人の監査結果を利用する場合にも求められます。

6と7は，公認会計士監査を取り巻く具体的な事件や監査水準の国際化の確保という視点から制度化されたといわれています。なお，監査業務の品質の確保は，新規監査契約の締結や前任監査人との引継ぎも含まれます。

⑧ 守秘義務

監査人は業務の性質上，被監査会社の機密事項を知る機会が多く，被監査会社が企業内部の機密事項を監査人に明らかにしないという姿勢をとる場合，効率的かつ効果的に監査が進められなくなるような事態も生じます。本来，**守秘義務**は監査人の正当な注意の基準に含まれるものです。独立の規定として定められています。ただ，**正当な理由**がある場合には，守秘義務の規制は解除されます。たとえば，監査人の交替の場合，規制当局や裁判所から監査調書の提出を要求される場合などがあります。守秘義務は公認会計士でなくなった後でも守る必要があります。

なお，**実施基準**と**報告基準**の内容は，これ以降の3つの章で説明します。

◆練習問題

１．次の記述について，正しければ○を，誤っていれば×を付し，各々の理由を簡潔に説明しなさい。

(1)「一般に公正妥当と認められる監査の基準」は，２種類の基準から構成されています。政府機関が一般的・普遍的な性格を有する監査基準を設定・改訂しますから，監査人は必ず遵守しなければなりません。他方，具体的･個別的な監査の規則･実務指針等は，民間機関が設定･改訂しますから，監査人は独自の判断に基づいて，監査実務に即して弾力的に対応することが認められています。

(2) 監査基準は，公認会計士監査の監査実務を帰納要約した原則です。公認会計士監査に際して，公認会計士は監査基準さえ遵守していれば，責任を問われることはありません。

(3) 監査人の役割とそれに対する利害関係者の期待との間で期待ギャップが生じたために，平成14年改訂監査基準は，監査基準に「監査の目的」を新設し，二重責任の原則を明示しました。さらに，一般目的の財務諸表（金融商品取引法や一定規模以上の会社が遵守しなければならない会社法）に対する監査人の監査意見は，財務諸表には，全体として重要な虚偽表示がないことの保証を得たという監査人の判断であることも明確にしました。

また，平成26年の改訂監査基準では，特定目的の財務諸表（たとえば投資事業有限組合やガス・電気・電気通信事業者の部門別収支計算書）の信頼性確保に対する監査目的を定めました。

(4) 監査基準の設定当初は，監査慣行が十分に確立していなかったので，個々の財務諸表項目ごとに監査人が実施すべき監査手続が列挙されていました。現在では，監査実務上の具体的監査指針の策定は，平成３年以降日本公認会計士協会に委ねられています（平成25年第Ⅰ回短答式試験問題)。

(5) 企業会計審議会による「監査に関する品質管理基準」は監査の実施に関する指針でないため，一般に公正妥当と認められる監査の基準を構成するものではありません（平成25年第Ⅰ回短答式試験問題)。

２．次の文の空欄にあてはまる語句を入れて，文章を完成しなさい。

財務諸表監査は，企業が作成する財務諸表が企業会計の基準に準拠していることを確かめて，財務諸表の（ア）を保証し，その結果を（イ）に報告します。

財務諸表監査が制度として円滑に運用されるためには，（ウ）としての監査人の資格や専門的能力，監査責任の範囲等についてのルールおよび監査の（エ）等監査人の判断を規制するルールを制定して，（オ）を一定以上に保ち，それによって，監査制度に対する利害関係者の信頼に応える必要があります。

《解答》

1．

(1)　×　監査の基準は，企業会計審議会（金融庁の１つの機関）の監査基準と監査委員会（日本公認会計士協会）の監査委員会報告書から構成されています。金融商品取引法監査では，法律で定められた監査証明は企業会計審議会が公表した監査の基準に基づき実施することを法定しています（金融商品取引法第193条の２第５項，監査証明府令第３条第３項）。

(2)　×　監査基準は，一定以上の監査水準を確立して維持するために要求される最低限の社会的に合意された原則です。さらに，公認会計士は，監査実務を規制している具体的な規則・指針等も遵守する必要があります。つまり，監査基準のなかには，監査基準本体と監査実務指針が含まれていることに注意して解答を導き出すことが必要です。

(3)　○　監査の目的の規定は，財務諸表監査の性格全体を包括的に表現したものです。監査人が表明する監査意見は監査証拠に基づいた判断であり，財務諸表には全体として重要な虚偽表示がないことの合理的な保証を得たという判断が含まれていることを明示しています。さらに，平成26年にも第２項の規定が追加されました。１項と２項は監査の目的が異なります。

(4)　○　監査慣行が成熟していない段階では，監査人が実施すべき監査実務指針（準則）は企業会計審議会が定めていました（図表６－１　監査の基準の改正史を参考にして解答しなさい)。しかし，監査慣行が成熟してくると，その改訂作業は日本公認会計士協会に委ねられることになりました。

(5)　×　確かに，監査に関する品質管理基準は監査基準とは別立ての基準として設けられています。しかし，監査業務の品質を確保するという立場から監査の基準を構成します（品質管理基準の位置づけ参考)。

2．ア．信頼性，イ．利害関係者，ウ．職業的専門家，エ．実施・報告，オ．監査の水準

第7章 監査の実施

監査人は，監査をどのように行うのでしょうか。実際に監査がどのように行われるのか，その実態はなかなか一般の多くの人々には見えてきません。原理的には，監査人は，監査の対象となる財務諸表，会計記録や証拠の書類などと，会計基準との間に整合性があるかどうかを比べて間違いがないかどうかを，実施基準（＝ 監査の実施を規定する基準）にしたがって確かめれば，監査は完了します。しかし，現実の監査はそれほど単純に済むものではないのです。

というのも，監査の対象となる企業の多くは，さまざまな種類の事業を営み，複雑な組織形態をもつ巨大企業です。したがって，監査時間や監査人員などのコストの制約があるなかで，監査人は膨大な記録のすべてをチェックして調べるというわけにはいきません。

そこで，現代の監査は，財務諸表の重要な虚偽表示に関係しそうな事項，つまりリスクを分析し，リスクの評価を重視して監査を実施するというアプローチ（＝リスク・アプローチ）をとります。この手法では，リスクの高い事項を重点的に監査し，逆にリスクの低い事項には監査の重点を置かないことにより，監査を効果的かつ効率的に行うという戦略を用います。

本章では，具体的な監査の実施プロセスを学習する出発点として，監査の基本的なプロセスを概観したうえで，監査はどのような方針と戦略性をもって行われるのか，その具体的な手法と考え方や意味内容を明らかにします。なお，本章と次章では，主に実施基準および監査基準委員会報告書（監査実施のための詳細で具体的な実践上の指針）に基づいて，監査のプロセスを説明します。

1 監査実施の基本

1 監査戦略

監査は，戦略的，計画的に実施されます。**監査戦略**とは，財務諸表の中に存在するかもしれない重要な虚偽表示を可能なかぎりすべて発見するという，監査に期待される有効性を，限られた監査の資源（監査人員と監査時間）を合理的に投入すること（＝効率性）によっていかに達成するかを検討する考え方をいいます。

監査の役立ちが社会で認められるためには，監査意見の表明を通じて財務諸表の信頼性を保証するという監査目的の一定の達成度が確保されなければなりません。しかし，監査に投入できる資源は有限なため，それをいかに効率的に集中させて目標とする有効性を達成するのかが重要視されるのです。そこで，重要な虚偽表示をもたらす可能性の高い事項，つまりリスクの評価を中心にして，重点的に計画的に監査資源を投入するという合理的な方法で監査を進めていくわけです。

このような監査の基本方針は，監査結果の報告プロセスを除くすべての監査のプロセスに関係しています。監査戦略の基軸となる概念は，以下で説明する，①監査手続の原則的実施方法である試査とよばれる手法，②リスクの評価を重視して監査を実施するリスク・アプローチとよばれる手法，および③重要性の判断に集約されます。

監査のプロセスは**図表７−１**のように大きく３つに分かれます。

図表７−１　監査プロセスの全体的な流れ

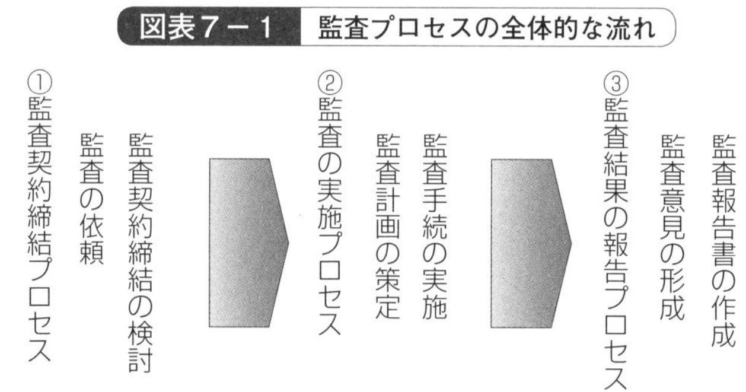

まず，監査は，監査を受ける企業と監査人との**監査契約**の締結に始まります。次に，監査を効果的かつ効率的に実施するための計画と手順（＝**監査計画**）を決め，この計画にしたがって**監査証拠**を収集するためのさまざまな手法（＝**監査手続**）を実施して検証を行います。最後に，監査証拠の評価に基づく検証結

果を監査意見として形成し，監査結果を監査報告書としてまとめるという流れになります。

監査プロセスの全体的な流れを確認するために，それぞれの大まかな内容を説明します。本章と第８章では，① 監査契約締結プロセスと② 監査の実施プロセスについて学習し，③ 監査結果の報告プロセスについては第９章で学習することになります。

監査は，依頼人である被監査会社と監査人の自由な契約に基づいて実施されます。しかし，監査人がその会社の監査を引き受けてよいかどうかの判断を行うにあたって，または前年度から連続して監査を行う会社の場合に，継続して監査を引き受けてよいかどうかの判断を行うにあたっては，慎重さが求められます。

たとえば，次のような場合には監査を引き受けるべきではありません。

① 監査事務所の規模に対して，被監査会社の規模が大きすぎる場合
② 情報技術面での知識や技術について，監査事務所の側で対応できる監査能力がない場合
③ 前年度以前から監査を引き受けていたとしても，経営者の対応が不誠実である場合

また，会社の内部統制に重要な不備があり，監査を十分かつ適切に実施できないと考えられる場合には，監査契約を継続するにあたり検討すべき事項となります。その他にも，監査人は，被監査会社と監査人との間に独立性の要件に抵触するような人的あるいは経済的関係がないかどうかを確かめなければなりません。

そこで，監査契約を締結するかどうかを検討するにあたり，被監査会社の全般的内容について事前調査（＝パイロット・テスト）を実施し，①監査が実施可能かどうか，②どの程度の特殊な専門知識や監査人員の編成，監査時間を要するか，および③その会社の監査受入れ体制はどうかなど，監査を実施するための基礎条件を確認する必要があります。

このような調査の後，監査人は監査契約を締結し，実際の監査に入ります。

監査を効果的かつ効率的に実施するために，**監査の基本的な方針**（監査業務の範囲，監査の実施時期や，監査の方向性など）を決め，これに基づいて詳細な監査の実施方法を計画します（**詳細な監査計画の作成**）。監査人は，予期しない出来事が生じた場合，状況が変化した場合，または監査手続の実施結果が想定した結果と異なった場合には，監査計画を修正することが必要な場合があります。

まず，当初の監査計画にしたがい実施する監査手続とは，被監査会社に関するさまざまな情報の収集を行い，その会社がどういう事業環境にあるか，またどのような問題を抱えているのかを調査し，財務諸表に重要な虚偽表示をもたらす可能性のある事項，つまりリスクを識別することです。そして，監査人はリスク要因を明らかにして，監査計画に反映し，この監査計画にしたがって監査証拠を収集するための監査手続を実施し，収集した監査証拠に基づき検証結果を評価して監査意見を形成し，監査結果を監査報告書として作成するという流れになります。

本章では，リスクの評価を中心とした監査計画の策定にかかわる基本方針と具体的監査手法について説明し，次章では実際に監査手続を実施するプロセスについて解説することにします。

2 試査（しさ）

通常，企業は，会計記録の正確性を確保するための内部統制を備えています。たとえば，経理規定や情報システムがあげられます。監査は，この内部統制の存在を前提として，試査によって行うことを原則としています。すなわち，監査人は，特定の監査手続（運用評価手続または実証手続：第８章参照）の実施過程において，原則として試査によって十分かつ適切な監査証拠を入手します。

試査とは，監査対象（母集団）からその一部の項目（サンプル）を抽出して，それに対して監査手続を実施することであり，監査戦略の内容を形成する概念といえます。簡単にいえば，抜き取り検査です。試査は，監査対象からそのすべての項目を抽出して監査手続を実施する**精査**に対応する概念です。

試査には，母集団から一部の項目を抽出して監査手続を適用することによって母集団全体の一定の特性を推定する試査（＝**監査サンプリングによる試査**）と，母集団全体にわたる特性を推定することができない試査（＝**特定項目抽出によ

る試査）があります。監査サンプリングによる試査は，母集団のなかのすべての項目がサンプルとして抽出される可能性があるようにサンプルを抽出しなければなりません。

その抽出方法には次の２つがあります。

① サンプルを無作為に抽出し，かつサンプルのテスト結果を評価するにあたって確率論を利用する手法（**統計的サンプリング**）

② 上記①の要件を１つでも満たさない，つまり監査人の判断も加味してサンプルを抽出する手法（**非統計的サンプリング**）

一方，特定項目抽出による試査を適用する場合には，監査人は自らの判断によって特定項目を抽出し（無作為な抽出方法ではなく，潜在的に虚偽表示を含む可能性が高い項目などを判断して抽出），監査手続を実施します。

監査が試査に基づいて行われる理由は，次の４つに集約されます。

① **時間的・費用的制約**：大規模な企業を監査する場合，すべての会計記録や資料を精査することは時間的・費用的にも実際上不可能であること

② **監査の目的**：監査の目的は，経営者の作成した財務諸表が企業の財政状態と経営成績，キャッシュ・フローの状況をすべての重要な点において適正に表示しているかどうかについての意見表明にあることから，重要でない些細な取引まですべてを調査し評価する必要はないこと

③ **内部統制の整備および運用**：近年，企業は経営管理の仕組みである内部統制を整備・運用することの重要性をますます認識しつつあり，重要な虚偽表示の原因となる会計データの処理上の誤りや従業員による不正をモニターしていること

④ **統計理論**：試査の方法として統計理論に基づくサンプリング技術が利用されることによって，科学的な基礎において客観的な信頼できる結果を得られると一般に評価されていること

2 監査のアプローチ

1 監査リスクとは何か

以上で述べたように，財務諸表の監査では，重点的に調査すべき事項，つまり重要な虚偽表示が生じる可能性の高い事項に重点的に監査の人員や時間を充てることにより，監査を効果的かつ効率的なものとします。すなわち，すべての会計記録や証拠書類を万遍なく監査するのではなく，財務諸表の信頼性を大きく損なうような危険な領域を重点的に調べるという戦略的な方法を用いるのです。

現代の監査では，重要な虚偽表示の発生する可能性，つまり重要な虚偽表示リスクを分析し，リスクの程度に応じて監査が進められるため，このアプローチを**リスク・アプローチ**とよんでいます。

リスク・アプローチの基本的な考え方は，次のとおりです。

財務諸表の適正性に対する意見表明は，財務諸表における重要な虚偽表示の有無を示します。監査人は，職業的専門家としての**正当な注意**を払い，一般に公正妥当と認められる監査の基準に準拠して監査を実施したとしても，重要な虚偽表示を見逃す可能性は常に存在します。つまり，監査人は，財務諸表の信頼性を100％間違いないという水準で保証することはできません。これは，財務諸表の監査の性質と限界によるのですが，当然ながら，監査人は発見できない財務諸表の重要な虚偽表示を可能な限りなくすことが必要です。そのためにリスク・アプローチでは，監査人が重要な虚偽表示を見逃して誤った監査意見を表明する可能性を合理的に低い水準，つまり社会的に許容される水準に抑えるように監査を計画し実施します。

監査人が財務諸表の重要な虚偽表示を見逃して誤った監査意見を形成する可能性を，**監査リスク**とよびます。つまり，監査リスクとは，監査人が監査を実施して財務諸表に重要な虚偽表示があるにもかかわらず，その事実に気づかずに，財務諸表は適正であるという監査意見を表明してしまう可能性をいいます。したがって，次の関係が成立します。

監査意見による保証水準（%）＝100%の保証水準－監査リスク（%）

しかし，監査が社会的役割を果たすためには，このような失敗があってはならないので，監査リスクを許容可能な低いレベルに抑えるように監査を計画します。

次節では，目標とする監査リスクを達成するためのアプローチの仕組みを説明します。

2　リスク・アプローチの考え方と仕組み

監査人は，監査リスクつまり監査の失敗のリスクを低く抑えるために，重要な虚偽表示が生じる可能性が高い領域をどのように識別するのでしょうか。そのためには，そもそも企業側に，どのような財務諸表の重要な虚偽表示をもたらす可能性のあるリスク，すなわち企業を取り巻くさまざまな環境のリスク，あるいは企業が抱えているようなリスクがあるのかを調べる必要があります。

まず，監査人は，企業内外の経営環境の影響を受けて，あるいは特定の取引や財務諸表項目自体に内在するリスクによって財務諸表に重要な虚偽表示が行われる可能性を調べます。このリスクを**固有リスク**といいます。

固有リスクが高い場合とは，たとえば以下の①や②のような場合です。

①「技術革新の速い産業や景気の後退期において，棚卸資産が陳腐化し販売不能となっている可能性が高い」場合
②「資産の評価や引当金の計上は，見積りや判断を必要とするので，実際の商取引に基づく会計記録よりも虚偽表示が発生する可能性が高い」場合

通常，企業は，このような虚偽表示が行われる可能性を軽減し防御するための対策として，企業内部に内部統制を構築しています。しかし，どのような内部統制も完璧なものではないので，そのシステムが存在しても重要な虚偽表示が見逃されたり，防止されない場合があります。そこで，監査人は，実際に内部統制がどの程度の性能をもっているのか，その弱点を調べます。このように，

財務諸表の重要な虚偽表示が企業の内部統制によって防止または発見・是正されない可能性を**統制リスク**といいます。

財務諸表の重要な虚偽表示を洗い出す，いわば第1のフィルターである内部統制をくぐり抜けた重要な虚偽表示を見つけ出すのが，第2のフィルターである監査です。しかし，監査を実施してもなお重要な虚偽表示が発見されない可能性があります。これを**発見リスク**といいます。

このように，監査人は，固有リスクと統制リスクの評価を統合した**重要な虚偽表示リスク**を評価し，どの程度厳密に監査を行うかを発見リスクの程度を上げたり下げたりすることによって調整します。

詳しく説明すると，固有リスクと統制リスクは，企業側に内在するリスクです。監査人は，これらのリスクを評価するだけで調整することはできません。しかし，発見リスクは，監査人側に関するリスクです。監査人は，どの程度監査を厳密に行うかを調整することによって発見リスクの程度を変えることができるのです。たとえば，固有リスクと統制リスクが高く，重要な虚偽表示が含まれる可能性が高いと判断した場合は，監査の厳密度を高くして発見リスクの水準を低くする，つまり監査を行っても重要な虚偽表示を見逃す可能性を低くするように監査を計画しなければなりません。逆に，固有リスクと統制リスクが低く，重要な虚偽表示が含まれる可能性が低いと判断した場合は，発見リスクの水準を高く，つまり監査の厳密度を低めにすることができます。

リスク・アプローチの特徴は，重要な虚偽表示リスクを評価し，そのリスクの程度に応じて監査範囲や適用すべき監査手続を変化させるという方法を用いることで，監査を効果的かつ効率的に実施するという点にあります。なお，後述するように，監査基準の平成17（2005）年改訂によって，原則として固有リスクと統制リスクを結合して重要な虚偽表示リスクとして評価を行うこととされています。固有リスクと統制リスクは，実際には複合的な状態で存在することが多いため，固有リスクと統制リスクを分けて評価することは必ずしも重要ではなく，両者を合わせて重要な虚偽表示リスクとして評価することもできるし，別々に評価することもできると考えられています。

3　監査リスク・モデル

上記では，監査リスクを許容可能な低いレベルに抑えようと管理するために，①固有リスク，②統制リスク，および③発見リスクという３つのリスクに分解し，それぞれのリスクの評価を通じて監査を実施することを説明しました。これらの３つのリスクと監査リスクとの関係は，**監査リスク・モデル**とよばれる次の関係式で表されます。

図表７－２　監査リスク・モデル

①　監査リスク＝固有リスク×統制リスク×発見リスク

②　発見リスク＝$\dfrac{\text{監査リスク}}{\text{固有リスク}\times\text{統制リスク}}$

監査人は，監査リスクを社会的に許容される保証水準，つまり許容可能な低い水準に抑えなければなりません。そこで，たとえば，**図表７－３**でA社の財務諸表に対する監査リスクを５％とする目標を立てた場合を考えてみましょう。

A社は景気後退の影響を受け，商品である棚卸資産を大量にかかえており販売できる見込みもない状況にあるため，固有リスクは90%，帳簿の管理に一部欠陥があったので統制リスクを80%と見積もったとしましょう。そうすると，次のようになります。

発見リスク＝0.05÷(0.90×0.80)≒0.069

A社の監査では，発見リスクを0.069（6.9%）とする目標を立てて監査を実施する計画を立てることになります。

発見リスクが6.9%というのは，監査を実施して重要な虚偽表示を見逃す可能性を6.9%までにする目標を立てること，言い換えると，監査の厳密度を93.1%の精度で行うということを意味しています。この精度で監査が実際に行われた場合，目標とした５%の監査リスクが達成できたことになるので，監査

図表7－3　重要な虚偽表示リスクと監査リスクとの関係

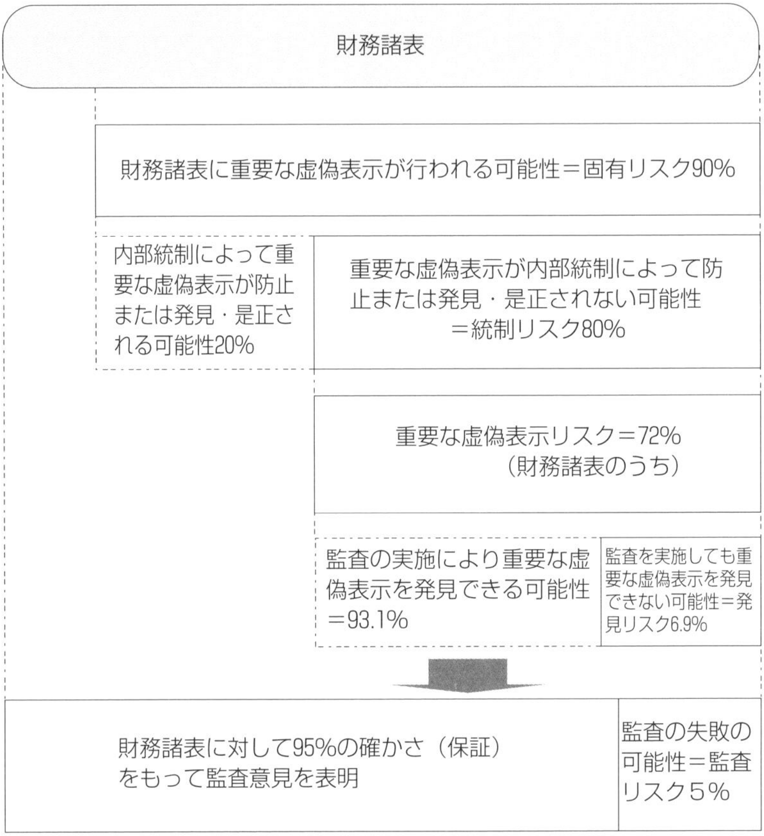

人は95%の確かさ（＝保証）をもって監査意見を表明できることになります。

しかし，上の例のようにリスクを数値で捉えることは実際の監査では容易ではありません。そこで，リスクの程度を「高」，「中」，「低」の３段階で表すと，監査リスクの構成要素である３つのリスクの水準は**図表７－４**のような関係で表すことができます。図表にあるように，固有リスクと統制リスクの水準に応じて，発見リスクの程度，つまり監査の厳密度を変化させ，監査リスクを合理的な水準に抑えるという点に，監査戦略の考え方が反映されているといえます。

図表7－4　監査戦略と発見リスクの決定

		固有リスクの水準		
		高い	中位	低い
統制リスク	高い	低	低	中
	中位	低	中	高
	低い	中	高	高

太線枠内が発見リスクの水準

4　監査リスクと重要性

リスク・アプローチに基づく監査計画を策定するために，監査人は，**重要性**という概念を考慮しなければなりません。監査リスクが，「財務諸表の重要な虚偽表示を見逃して誤った意見を形成する可能性」と説明されるように，監査リスクを考慮する場合には，監査上の重要性をあわせて考慮する必要があります。

重要性は，財務諸表の利用者の経済的意思決定に影響を与えると合理的に見込まれるような虚偽表示の金額や内容により判断されます。虚偽表示の重要性には，①金額的な大きさ，②質的な重要性があります。たとえば，会社の規模や利益金額が同じであるなら，５億円の虚偽表示は１億円の虚偽表示よりも重要です。虚偽表示が金額的にみれば小さくても，重要な影響を与えるような場合には質的に重要であるので，監査人は念入りに監査を行うことになります。たとえば，製造業における棚卸資産勘定に虚偽表示がある場合には，財務諸表全体に与える影響が大きい場合があります。

具体的には，監査人は監査リスクを決定する際に，財務諸表において重要であると判断される虚偽表示を金額レベルの指標として設定します。これを**重要性の基準値**といいます。たとえば，A社の財務諸表全体について重要性の基準値を20億円，監査リスクの目標水準を５％と設定して監査を実施する場合，「A社の財務諸表にとって重要であると判断される20億円を超える虚偽表示を監査人が見逃してしまう可能性を５％以下に抑えるように監査を実施しなければならない」という関係にあります。

監査人は，企業の状況に応じて，前年度の財務諸表数値などをもとに，売上高，営業利益，税引前利益，総資産などを指標として，財務諸表全体において重要であると判断する虚偽表示の金額（重要性の基準値）を算出します。そして，重要性の基準値をベースに，個々の財務諸表項目ごとに基準値を割りあてます。たとえば，売上高の重要性に10億円を割りあてた場合，売上高の虚偽表示が10億円を下回るなら売上高は適正に表示されていると判断されます。監査人は，虚偽表示を見逃す可能性を一定水準以下に抑えるように，実施すべき監査手続，適用時期および適用範囲を決定し監査を実施します。

5　事業上のリスクを重視したリスク・アプローチの導入

以上，リスク・アプローチに基づく監査の手法をみてきましたが，平成17（2005）年の監査基準改訂により，リスク・アプローチは実務的に十分に機能するように改良が加えられました。以下，その背景とどのような点でその性格が改良されたのかを説明します。

企業の日常的な取引や会計記録の多くはシステム化されルーティン化されてきており，財務諸表の重要な虚偽表示は，経営者レベルでの不正や，経営状況をごまかすことを目的とした粉飾による場合が多くなっています。このように経営者が関与して生じる不正（粉飾）は，企業環境の変化，業界慣行等の外部的な要因や，経営者の経営姿勢，内部統制の重要な不備，ビジネス・モデル等の内部的な要因，あるいはその両方が絡み合ってもたらされる場合が多いというのが実情です。

そこで，監査を実施するにあたって，監査人が財務諸表の個々の項目だけに気を取られることなく，また，企業内外の広い観点から発生するリスクを見落とすことがないように，リスク・アプローチは改良されました。すなわち，監査基準は，リスク・アプローチを適用する際に，リスク評価の対象を広げ，監査人に，内部統制を含む企業および企業環境を十分に理解し，財務諸表に重要な虚偽表示をもたらす可能性のある「**事業上のリスク**」について検討するよう要求しています。事業上のリスクとは，簡単にいえばビジネス・リスクのことであり，企業目的の達成や戦略の遂行に悪影響を及ぼし得る重大な状況や事象などをいいます。

また，こうした観点から事業上のリスクが財務諸表の重要な虚偽表示につながる可能性を検討する際に，固有リスクと統制リスクを別々に評価できない場合が多く，２つのリスクを分けて評価することにこだわると，リスク評価が形式的になり，結果的に発見リスクの的確な判断ができなくなる危険性があります。そこで，固有リスクと統制リスクを結合し，重要な虚偽表示リスクとして評価したうえで発見リスクを決定するという考え方が一般的になってきました。

監査リスク＝重要な虚偽表示リスク×発見リスク

なお，重要な虚偽表示リスクが特定の**アサーション・レベル**（財務諸表項目レベル，すなわち取引種類，勘定残高，および注記事項に関して）に限定されず，**財務諸表全体レベル**に及ぶと認められた場合には，監査人の数を増やしたり，専門家を監査チームに入れたりして対応することとなります。

6　不正リスク対応基準

近年，不正による不適切な事例が相次いでいますが，監査基準に対しては，不正による重要な虚偽表示を示唆する状況がある場合にどのように対応すべきか必ずしも明確でなく，実務にばらつきが生じているという指摘がありました。そこで，平成25（2013）年に，「**監査における不正リスク対応基準**」が設定されました。同基準は，現行の監査基準において採用されているリスク・アプローチの考え方を前提として，不正リスクを適切に評価し，評価した不正リスクに対応して一定の場合には監査手続がより慎重に実施されるように監査手続の明確化をはかっています。

なお，この監査基準は，主として金融商品取引法に基づいて開示を行っている企業に対する監査において実施することを念頭に作成されています。

以上から，リスク・アプローチの全体像は**図表７－５**のように示されます。この図表は，第８章を学習した後で見ると，より理解しやすいでしょう。

図表7－5 リスク・アプローチの全体像

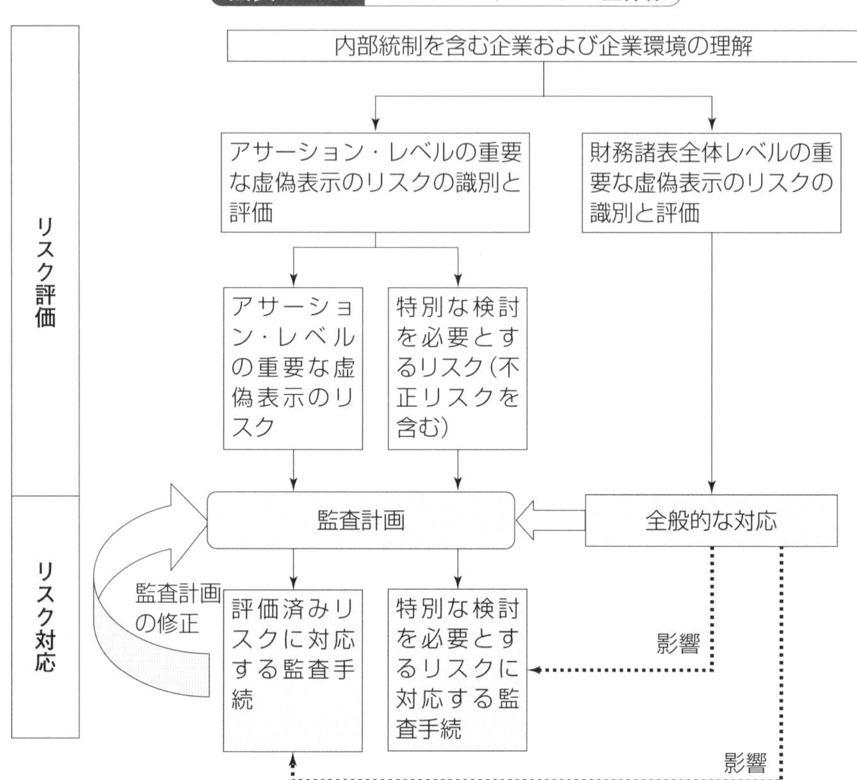

◆練習問題

1．次の記述のうち，正しいものには○を，間違っているものには×を付し，各々の理由を簡潔に述べなさい。

⑴ 監査人は，監査期間中，監査の基本的な方針および詳細な監査計画を修正することがあります。

⑵ 監査人は，職業的専門家としての正当な注意を払い，一般に公正妥当と認められる監査の基準に準拠して監査を実施すれば，財務諸表の信頼性を100％間違いないという水準で保証することができます。

⑶　固有リスクと統制リスクは企業側に内在するリスクなので，監査人はこれらのリスクを評価するだけで調整することはできないのに対して，発見リスクはゼロにするように監査を行わなければなりません。

⑷　合理的な保証の水準と監査リスクは，補数の関係にあります。

⑸　監査人は，内部統制を含む企業および企業環境を十分に理解するにあたり，すべての事業上のリスクを理解したうえで，重要な虚偽表示リスクを識別しなければなりません。

２．次の文の空欄にあてはまる語句を入れ，文章を完成しなさい。

固有リスクと統制リスクが（ア）い（虚偽表示が行われる可能性が高い）と判断したときは，監査人は自ら設定した監査リスクの水準を達成できるように，（イ）リスクの水準を（ウ）く設定し監査の厳密度を（エ）くし，逆に固有リスクと統制リスクが（オ）いと判断した場合には，（イ）リスクを（カ）めに設定し，適度な監査手続によっても合理的な監査リスクの水準を達成できます。

３．財務諸表の監査において試査が採用される理由を４つ説明しなさい。

４．監査リスクと重要性との関係を説明しなさい。

《解答》

１．

⑴　○　監査人は，新たな事象が生じた場合，状況が変化した場合，または監査手続の実施結果が想定した結果と異なった場合には，リスク評価の結果に基づき，監査の基本的な方針および詳細な監査計画を必要に応じて見直し，修正します。すなわち，監査計画の策定は，連続的かつ反復的なプロセスです。

⑵　×　次の理由により，監査人が重要な虚偽表示を見逃す可能性は常に存在し，財務諸表の信頼性を100％間違いないという水準で保証することはできません。

①　監査は原則として試査により行われるので，試査の範囲外に存在する不正や誤謬に起因する虚偽表示については発見することができません。

②　経営者レベルで共謀により巧妙に行われた取引の場合には，記録や証憑書類の虚偽の表示を発見できないこともあり得ます。

③　財務諸表の項目の多くには，経営者の見積りや判断が含まれており，その妥当性についての監査人の判断もまた主観的なものとなるため，その判断が分かれる可能性もあり

ます。

(3) × 前半は正しいです。監査人は，固有リスクと統制リスクの程度を評価することはできますが，調整することはできません。これに対して，発見リスクは監査人側の問題なので，その程度を調整することはできますが，上記(2)の理由により，ゼロにすることはできません。

(4) ○ たとえば，５％の監査リスクを達成できたということは，95％の確かさ（＝保証）をもって監査意見を表明できることを意味します。

(5) × 事業上のリスクの多くは財務諸表に影響を与えるため，企業が直面する事業上のリスクを理解することは，重要な虚偽表示リスクを識別する可能性を高めます。しかし，すべての事業上のリスクが必ずしも重要な虚偽表示のリスクとなるわけではなく，監査人は，企業目的および戦略ならびにこれらに関連して重要な虚偽表示リスクとなる可能性のある事業上のリスクを理解することを求められています。したがって，すべての事業上のリスクを理解しなければならないのではありません。

2．ア．高，イ．発見，ウ．低，エ．高，オ．低，カ．高

3．4つの理由とは，次のようにまとめることができます。

第１に，大規模な企業の監査を行う場合に，会計記録や資料をすべて精査することは，費用的にも時間的にも不可能です。そこで抜き取り検査の手法である試査を適用して監査を実施します。

第２に，監査の目的は財務諸表の信頼性を保証することであって，たとえば１円でも異なっていないかどうかを調べるものではなく，重要性が低い些細な取引まで監査する意味はありません。したがって，監査基準でも原則として試査で行うことが明示されています。

第３に，監査は内部統制の存在を前提としており，企業が内部統制を良好に整備している場合には財務諸表の虚偽表示が事前に防止または発見されて是正されることが期待されるので，試査は合理的と考えられています。

第４に，抜き取りといっても，統計学的あるいは監査人の経験と勘によって合理的に行われるので，すべてを調べる精査でなく試査でも十分と考えられています。

4．監査リスクは，重要な虚偽表示が財務諸表に含まれているにもかかわらず監査人がこれを見逃して誤った意見を表明してしまう可能性をいいます。重要性は，財務諸表利用者の経済的意思決定に影響を与えると合理的に見込まれるような虚偽表示の金額または内容により判断されます。すなわち，監査リスクと重要性とは相関関係にあり，たとえば重要性

の基準値を大きくすれば，監査リスクは小さくなるという関係にあるし，重要性の基準値を小さくすれば，監査リスクは大きくなります。ただし，重要性の基準値が大きすぎると，財務諸表の利用者から，監査人が見逃した虚偽表示を原因として誤った意思決定をしたといわれるかもしれませんし，逆に重要性の基準値が小さすぎると，監査にかかる費用が多大なものになりかねません。したがって，監査人は，監査リスクと重要性との関係を十分に勘案して監査計画を策定しなければなりません。

第8章 監査の手続

財務諸表に重要な虚偽表示がないことを検証するために，監査人は，どのような証拠をどのような方法で手に入れて証明するのでしょうか。すなわち財務諸表の信頼性を証明するためには，どのような手順で監査が実施されるのか，本章ではその具体的なプロセスを明らかにします。

財務諸表の監査では，経営者が作成した財務諸表が企業の財政状態，経営成績，およびキャッシュ・フローの状況を適正に表示しているかどうかについて監査人が意見を表明します。

しかし，財務諸表が一般に公正妥当と認められる会計基準に準拠しているかどうかは直接的には証明できません。そこで，監査人は，財務諸表を構成する項目や取引ごとに立証すべき監査の目標を細分化し，その目標について，どのような監査手続を①いつ，②どの範囲で選択・適用して，必要とされる監査証拠を入手するのかを決定します。その結果，入手した監査証拠から総合的に判断して財務諸表全体の適正性を判断します。

本章では，リスク・アプローチに基づく監査の全体的プロセスを理解し，監査の具体的な実施方法を明らかにし，現実の監査実務を理解するうえで欠かせない基礎的な概念を説明することにします。一連のプロセスは少々複雑ですが，皆さんが監査人になったとして財務諸表を監査する場面をイメージしてみるとよいでしょう。

1　監査の実施プロセス

前章では，監査の基本的なプロセスの流れは，次のようになっていたことを確認しました。

監査契約締結プロセス→監査の実施プロセス→監査結果の報告プロセス

本章では，このうち監査の実施プロセスを詳しくみていきますが，監査の実施手順を理解するために，**図表８−１**で全体像を概観しましょう。

図表８−１　監査の実施プロセス

①　**リスク評価**	重要な虚偽表示リスクの評価
	発見リスクの水準の暫定的決定
②　**監査要点の設定**	監査要点（＝具体的な立証目標の選択）
	リスク対応手続の実施計画（種類･適用範囲･適用時期の計画）
③　**リスク対応**	内部統制の運用状況の有効性評価，状況により発見リスクの水準の変更
	実証手続の実施
④　**監査証拠の評価**	監査要点についての結論から財務諸表全体の適正性を判断

2　監査の実施方法

1　リスク評価

監査人は，企業とその環境について，事業上のリスクを含めて理解をし，以下の２つのレベルで重要な虚偽表示リスクを識別し評価します。

また，識別した重要な虚偽表示リスクがたとえば不正リスクであるかどうかを含めて，**特別な検討を必要とするリスク**であるかどうかを決定しなければなりません。

まず，**財務諸表全体レベルの重要な虚偽表示リスク**とは，財務諸表全体に広く関わりがあり，**アサーション**（経営者が財務諸表において明示的か否かにかかわらず提示するもの）の多くに潜在的に影響を及ぼすリスクをいいます。たと

えば，「社長は，経営者としての資質に欠ける」という問題は，財務諸表に広範な影響を及ぼします。このような問題には，監査人の全般的な対応が必要となるでしょう。

次に，アサーションごとに重要な虚偽表示リスクを検討することは，十分かつ適切な監査証拠を入手するために必要な監査手続の種類，時期，および範囲を決定するために直接役立ちます。以下では，**アサーション・レベルの重要な虚偽表示リスク**を識別し評価するプロセスを中心に監査の実施プロセスを説明します。

監査人は，一般に，企業に内在する固有リスクと統制リスクを合わせて重要な**虚偽表示リスク**として評価し，そのリスクの高低に応じてどの程度の精度で監査を行うか（＝発見リスクの水準）を仮に決めます（**リスク評価**）。

固有リスクとは，企業内外の経営環境の影響を受けて，あるいは特定のアサーションに内在するリスクによって財務諸表に重要な虚偽表示が行われる可能性をいいます。

統制リスクとは，財務諸表の重要な虚偽表示が企業の内部統制の不備によって防止または発見・是正されない可能性をいいます。このうち，統制リスクについては，内部統制がその企業にきちんと整備され，それが実際に業務に適用されているかどうかの有効性を確かめます。内部統制に不備があったり，有効性に問題があれば，虚偽表示の可能性が高くなるので，監査人は発見リスクを低くして，監査リスクを低く抑えようとします。

このように，監査人は，固有リスクと，内部統制の整備状況の調査によって統制リスクに対しての一定の評価を行います。それをもとに監査人は，重要な虚偽表示リスクを暫定的に評価し，その評価水準に応じて発見リスクの水準を暫定的に決定し，全体的な監査計画に反映します。この手続を「**リスク評価手続**」といいます。監査人は，リスク評価手続を実施して入手した情報を，リスク評価を裏づける監査証拠として使用します。

なお，この段階での統制リスクの評価は後で修正されるかもしれないひとまずの評価です。企業の内部統制が実際に重要な虚偽表示を防止または発見・是正して有効に働いているかどうかの有効性を裏づける評価や，どのような不備があるのかを実際に評価する手続は，後のプロセスで行われます。

2 監査要点の設定

監査人は，発見リスクの水準を暫定的に決定した後，どのような方法で必要な証拠を入手するのかを決めます。

監査の最終的な目標は，財務諸表全体についての適正性に対して意見を表明することです。監査人は財務諸表全体を眺めていても，その適正性を直接には検証することはできません。そこで，貸借対照表，損益計算書，およびキャッシュ・フロー計算書などの財務諸表のどの項目についてどういう点を検証するのか，具体的な細かい目標を設定する必要があります。

すなわち,経営者の提示するアサーションが適正かどうかを検証するために,監査人は立証すべき目標となる**監査要点**を設定し，個々の監査要点ごとに収集された監査証拠に基づいて，財務諸表全体の適正性を総合的に判断します。具体的な立証目標である監査要点を設定することによって，暫定的に評価した重要な虚偽表示リスクに対してどのような方法で検証を行い，どのような証拠を収集するのかが具体的に検討されます。

では，監査要点について，売掛金を例にみてみましょう

A社貸借対照表（単位：百万円）

売掛金	1,000	
貸倒引当金	2	998

このことは，経営者が財務諸表において明示的か否かにかかわらず，以下を提示していることを意味します。

①　貸借対照表に記録している10億円の売掛金は実際に存在し，
②　これ以外に簿外のものはなく，これがすべての売掛金であること，
③　売掛金はすべてA社の債権であり，
④　９億9,800万円という金額は回収可能な額であること，
⑤　10億円は当期もしくは当期以前に発生したもので，次期に発生したものは含まれていないこと，および
⑥　流動資産として適切に分類されていること

この場合に，「売掛金」に関するアサーションに対して，**図表８－２**のように監査人は監査要点を設定し，検証すべき内容を特定します。そして，それらを立証するためにはどのような方法でどのような監査証拠を入手する必要があるのか，選択した方法をどの範囲で，いつ適用するのかを，重要な虚偽表示リスクを検討して決定することになります。

図表８－２　監査要点とアサーション（例：売掛金の場合）

監査要点	アサーションの適正性に対する監査人の検証内容
実在性	貸借対照表に記録されている売掛金はA社に実際に存在しているのか。そのなかには架空のものは含まれていないか。
網羅性	売掛金はすべてもれなく記録されているか。貸借対照表に記録されていない売掛金はないか。
権利と義務の帰属	売掛金はすべてA社が回収する権利がある債権であるか。
評価の妥当性	売掛金に対して適正な貸倒引当金が計上されているか。売掛金は回収可能な金額であるか。
期間配分の適切性	売掛金には，当期に発生したものがもれなく含まれており，また，次期に発生したものは含まれていないか。
表示の妥当性	売掛金の表示は妥当か。

3 リスク対応

監査要点を設定した後，監査人は，監査リスクを許容可能な低い水準に抑えるために，識別し評価したアサーション・レベルの重要な虚偽表示リスクに応じた手続を実施します。これを「**リスク対応手続**」といいます。この段階では，以下で説明する２種類の方法を効果的かつ効率的に組み合わせて**監査手続**を選択します。

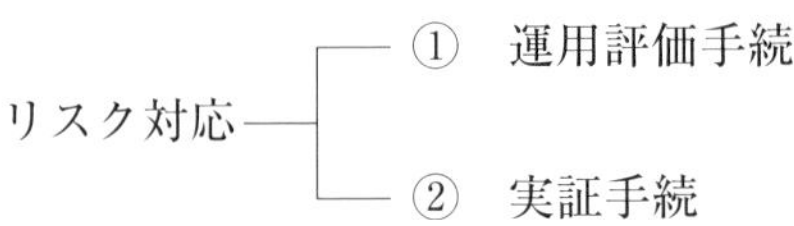

監査人は，アサーション・レベルの重要な虚偽表示リスクを暫定的に評価します。そして企業の内部統制をどれだけ頼りにして監査を実施できるかを知るために，内部統制の実際の運用状況についてさらに詳しく調べます。すなわち，内部統制が，さまざまなリスク要因からもたらされる重要な虚偽表示を実際に防止または発見･是正するよう有効に運用されているかどうかを評価します（これを「**運用評価手続**」という）。

その後，統制リスクの評価を確定してアサーション・レベルの重要な虚偽表示リスクを評価し，発見リスクの水準を決定します。そのうえで，アサーション・レベルの重要な虚偽表示リスクの評価に基づいて，虚偽表示の有無を直接的に検証するための手続（これを「**実証手続**」という）を実施します。監査人は，監査リスクを許容可能な低い水準に抑えるために，重要な虚偽表示リスクが高いほど，発見リスクの水準を低く設定します。たとえば，監査手続の範囲を拡大するなどの実証手続を立案し実施します。

このように検討対象となるアサーションに対して２種類の方法を組み合わせる（特定のアサーションに対してどちらか一方のみを実施する場合もある）にあたり，監査人は，効果的かつ効率的に監査が実施されるように監査戦略を立てなければなりません。すなわち，内部統制を詳しく調べれば調べるほど統制リスクの評価は正確になりますが，調べるためにはコストがかかります。一方で内部統制を頼りにしないと監査の作業は膨大なものとなり，発見リスクの目標水準を確保するための実証手続に要するコストが過大になります。したがって，監査人は，どちらをどの程度重視するのが有効かつ効率的であるのかを判断することになり，ここに第７章で説明した監査戦略の考え方があらわれるのです。

ここまで説明した，リスク評価手続，リスク対応手続とリスクとの関係を示すと**図表８－３**のようになります。

図表８－３　監査手続と監査リスクを構成する各リスクとの関係

<table>
<tr><th rowspan="3">手続</th><th colspan="4" rowspan="3">リスク評価手続</th><th colspan="3">リスク対応手続</th></tr>
<tr><th rowspan="2">運用
評価手続</th><th colspan="2">実証手続</th></tr>
<tr><th>分析的
実証手続</th><th>詳細
テスト</th></tr>
<tr><td rowspan="4">対象とするリスクと要素</td><td colspan="5">重要な虚偽表示リスク</td><td colspan="2" rowspan="4">発見リスク</td></tr>
<tr><td rowspan="3">固有
リスク</td><td colspan="4">統制リスク</td></tr>
<tr><td colspan="2">内部統制の整備状況</td><td colspan="2">内部統制の運用状況</td></tr>
<tr><td>デザイン</td><td>業務への
適用</td><td>想定</td><td>裏付け
後*</td></tr>
</table>

＊監査人は，運用テストの結果により，内部統制の整備状況に基づいて評価した重要な虚偽表示リスクが裏づけられているかどうかを見直す。さらに，実証手続の結果によって重要な虚偽表示リスクの修正が必要になることもある。

（出所）『会計・監査ジャーナル』2009年３月号，14頁の一部を修正。

上記の２つの手続を実施するにあたり，特定のアサーションに対して，どのような方法や手段（＝**監査手続**）をその状況に応じて選択し適用するのかを説明します。

リスク対応手続には，①記録や文書の閲覧，②有形資産の実査，③観察，④質問，⑤確認，⑥再計算，⑦再実施，⑧分析的手続などの監査の手法としての監査手続があります。代表的な監査手続については，**図表８－４**で示します。

図表８－４　監査手続（手法）

実査	監査人自らが資産の現物について検査し，直接に実在性を確かめる手続をいう。最も強力な証拠を入手できる手段である。手許現金，有価証券，手形，棚卸資産などに対して実施される。
立会	企業が行う棚卸資産の実地棚卸の現場や有形固定資産の現物調査の現場に監査人が出かけ，その実施状況を注意深く観察する手続で，実査に代替する。
確認	監査人が企業の取引先などの第三者に対して直接に文書で問い合わせ，書面での回答を求める手続をいう。売掛金残高，預金残高，借入金残高などの実在性を検証するために用いられる手続である。第三者から証拠を得られるので証明力は高い。
質問	監査人が経営者や従業員や外部の関係者などに対して問い合わせ，説明や回答を求める手続をいう。質問に対する回答だけでは十分かつ適切な監査証拠とならない場合が多いが，情報の裏づけや新たな情報の手がかりとなる。
観察	監査人が企業が実施する業務の現場に出かけ，業務処理のプロセス，会計システムの適否や信頼性を確かめる手続をいう。施設や設備の視察も含まれる。観察によって得た監査証拠は観察を行った時点のみの監査証拠である。
閲覧	監査人が定款，契約書，議事録などの各種の書類を査閲（＝批判的に検討）し，必要な情報を入手するための手続をいう。
突合	相互に関連する証拠資料を突き合わせて事実や記録の正否を確かめる手続をいう。帳簿突合（たとえば売掛金勘定と得意先元帳の照合）や計算突合（検算）がある。
勘定分析	財務諸表項目の特定の勘定の借方と貸方を分析し，異常な項目がないかを発見するための手続をいう。会計基準の適用の誤りや妥当性を確かめるために用いられる。
再実施	企業が内部統制の一環として実施している取引の処理過程を監査人が自ら実施することによって，その手続が正しく運用されているか確かめる手続をいう。
分析的手続	財務データ相互間または財務以外のデータと財務データとの間の関係を利用して，金額の変化の分析や比率の比較，推定値と財務情報との比較を行い，矛盾や異常な変動がないかどうかを検討する手続をいう。

監査手続の種類は，その目的（運用評価手続または実証手続）と手法（すなわち，閲覧，観察，質問，確認，再実施または分析的手続など）に関係しています。評価したリスクへの対応という点では，監査手続の種類が最も重要です。

図表８－５　売掛金に対する監査要点と適当する監査手続の例

ステップ１ （売掛金に関する内部統制の運用状況の有効性を確かめる）	①　売掛金の期首繰越高・期中取引記録の検証（突合・勘定分析など）
	②　貸倒れの事実の検証（質問・突合など）
ステップ２ （６つの監査要点に対して実証手続を実施する）	①　売掛金残高の実在性（実査，確認，質問，分析的手続など）
	②　売掛金残高の網羅性（実査，確認，質問，分析的手続など）
	③　売掛金残高の権利の帰属（実査，確認，質問など）
	④　売掛金残高の評価の妥当性（突合，質問，分析的手続など）
	⑤　売掛金の期間配分の適切性（突合，質問，閲覧，分析的手続など）
	⑥　売掛金残高の表示の妥当性（質問，閲覧など）

図表８－５では，先の売掛金の例の場合にどのような監査手続が行われるのかを，簡単に示しています。

以上のように，監査人は，経営者の提示するアサーションに対して具体的な立証目標である監査要点を設定して必要な監査手続を実施し，監査証拠を集めます。

なお，今日では多くの企業においてコンピュータが利用され，会計をコンピュータで処理しています。したがって，監査人は，そのようなコンピュータ化された環境に対応した監査手続を実施しなければなりません。コンピュータ環境下では，監査要点そのものは変化しません。紙媒体の記録が少なくなるので，手作業での記録の照合よりも，コンピュータを利用したシステム自体の信頼性を確かめるための監査手続が行われます。たとえば，データの入出力の突合を行ったり，観察・質問・閲覧などによってシステムの運用上の信頼性を検証します。また，データの計算，変換，分類，集計などの機能を監査に適合するように統合した汎用監査ソフトウエアが利用されています。

4　監査証拠の評価

監査人は，実施した監査手続および入手した監査証拠に基づいて，重要な虚偽表示リスクに関する評価が適切であるかどうかを判断しなければなりません。これまで説明してきたように，監査人は，リスク評価の段階で，重要な虚偽表示リスクを識別し評価して，リスク対応手続（運用評価手続，実証手続）を実施します。その結果，監査人は，目標とされた発見リスクの水準を達成して監査リスクを許容可能な低い水準に抑えるように，十分かつ適切な監査証拠を入手したかどうかを判断しなければなりません。監査意見を形成する段階においては，これらの監査証拠をベースに財務諸表全体の適正性について総合的に判断が行われるからです。

監査証拠とは，監査意見および監査報告書を裏づけるために必要な情報をいいます。監査証拠とはどのような情報かを具体的に理解しましょう。

監査証拠には，次のような資料が含まれます。

① 財務諸表の基礎となる会計記録に含まれる情報（伝票，仕訳帳，総勘定元帳など）
② それを裏づける情報（議事録，契約書，確認の回答書，内部統制マニュアル，監査人が質問，観察，閲覧，突合，分析的手続などの監査手続から入手した情報，たとえば売上高を推定する場合のように監査人が推論にあたり利用する入手可能な情報）

監査証拠を形態別に分類すると，次のようになります。

① 物理的証拠（監査人自身が現金や棚卸資産などの存在や数量の検証を実際に行って得た証拠），
② 文書的証拠（企業外部または企業内部で作成された文書，監査人自身が作成した文書による証拠），
③ 口頭的証拠（企業内外の関係者からの口頭による証言），状況証拠（上記以外の証拠）

図表８－６　監査の実施方法の全体の流れ

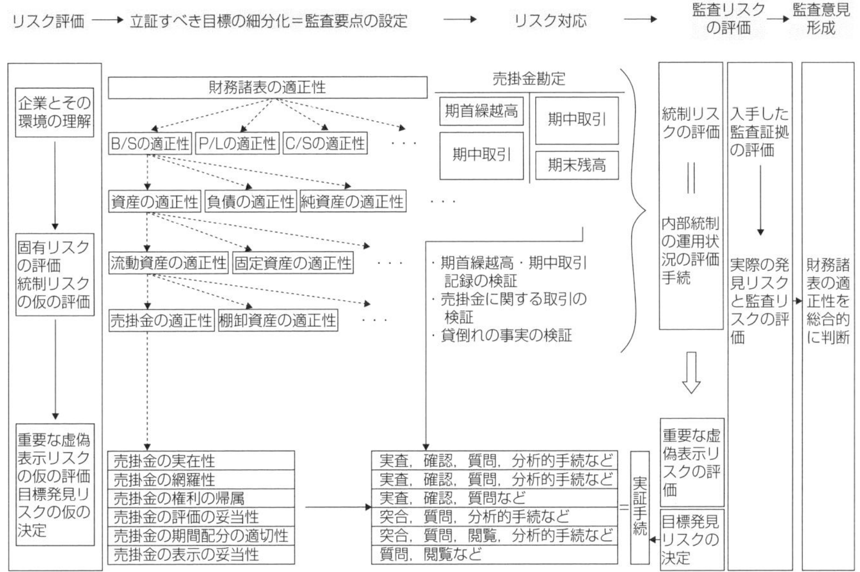

一般的には，企業から独立した監査証拠は企業の支配力が及ばないので，企業内部から入手した監査証拠よりも証明力が強く，監査人が直接入手した監査証拠は，間接的に入手した監査証拠や推測により入手した監査証拠よりも証明力が強いといえます。また，文書化された監査証拠は，口頭による監査証拠よりも証明力が強いとされます。

では，「十分かつ適切な」監査証拠とはどのような要件を備えることをいうのでしょう。**十分性**とは，監査証拠の量の問題をいいます。虚偽表示リスクが高いほど，より多くの監査証拠が必要となり，たとえば試査の範囲を広げて対応をします。

適切性とは，監査証拠の質の問題をいいます。すなわち，監査証拠の情報源，種類，および入手された状況という観点からみて，アサーションに適合した監査証拠であるかどうかを意味します。監査証拠の量が多ければ証明力は強くなります。しかし，その分コストもかかります。監査人は，経済性と監査証拠の形態や証明力の強弱などを適切に組み合わせて十分かつ適切な監査証拠を入手し，それを総合的に判断して，最終的に財務諸表全体に対する意見を形成します。

以上，ここまでの監査の実施方法の全体的流れを**図表8－6**で示しています。

3 経営者確認書と監査調書

1 経営者確認書

以上では，監査の実施プロセスについて説明してきました。監査人は監査手続として，必要に応じて，経営者からの書面による確認を適宜入手します。ここではそのうち，監査の最終局面で監査人が意見表明にあたって入手する「**経営者確認書**」の意義と目的を理解しましょう。

財務諸表の監査の制度では，財務諸表の作成者である経営者と監査人が協力して，真実かつ公正な財務諸表を利害関係者に提供することを本来の目的としています。したがって，財務諸表の作成については経営者が責任を負うという宣言をし，そのうえで財務諸表が適正かどうかの意見表明については監査人が責任を負うという協力関係（＝**二重責任の原則**）を示し，社会的信頼性を高めていくために経営者確認書の入手が必要とされています。

たとえば，①財務諸表は一般に公正妥当と認められる企業会計の基準に準拠して適正に作成されていることについて経営者が認識していることの確認，②内部統制を整備および運用する責任は経営者にあることの確認，監査の実施に必要なすべての情報が監査人に提供されたことの確認など，監査人が必要と認めた事項について記載した経営者確認書を提出するように経営者に要請します。

2 監査調書

監査調書とは，監査契約の締結から監査意見の形成に至る監査業務の全プロセスにおいて，実施した監査手続，入手した監査証拠，および監査人が到達した結論を記録したものをいいます。監査調書は，通常，紙媒体，電子媒体等で記録されます。

監査調書が作成される目的として，次の6つの事項があげられます。

① 監査計画を策定する際および監査を実施する際の支援とすること
② 監査責任者が監査業務の品質管理の指示，監督，および査閲を実施する際の支援とすること
③ 実施した作業の説明根拠にすること
④ 今後の監査に影響を及ぼす重要事項に関する記録を保持すること
⑤ 監査業務に係る審査および定期的検証の実施を可能にすること
⑥ 法律等に基づき実施される外部による検査の実施を可能にすること

監査実務では，監査責任者が監査調書を**査閲**し，部下の業務内容について，品質管理の方針や手続に準拠した監査を実施しているかどうかを判断し，指導・監督を行います。

◆練習問題

1．次の記述のうち，正しいものには○を，間違っているものには×を付し，各々の理由を簡潔に述べなさい。

(1) 監査人は，ある特定の監査要点について，内部統制が存在しないか，あるいは有効に運用されていない可能性が高いと判断した場合には，内部統制に依拠することなく，実証手続により十分かつ適切な監査証拠を入手しなければなりません。

(2) 受取手形や売掛金についての確認は，通常，評価の妥当性および期間配分の適切性を検証するために適用されます。

(3) 立会とは，監査人自らが，現物を実際に確かめる監査手続をいいます。

(4) 一般的には，監査証拠は，紙媒体，電子媒体またはその他の媒体であろうと，文書化されたものの方が証明力が強いと考えられます。

(5) 経営者確認書は，監査人に対する経営者からの書面であり，その記載内容は，経営者が必要と判断した事項です。

2．次の文の空欄にあてはまる語句を入れ，文章を完成しなさい。

（ア）手続とは，監査人が（イ）を含む，企業および企業環境を理解し，重要な虚偽表示リスクを暫定的に評価するために実施する監査手続です。また,（ウ）手続とは,監査人が（エ）を合理的に低い水準に抑えるために，暫定的に評価した重要な虚偽表示リスクに対応して実施する監査手続であり，（オ）手続と（カ）手続で構成されます。

3．貸借対照表に棚卸資産25億円，損益計算書の営業外損失として商品評価損５億円が計上されています（低価基準を適用)。監査人は，アサーションの適正性を検証するために監査要点を設定しました。そのうち,次の２つの監査要点①「実在性」と②「評価の妥当性」について，その内容を説明しなさい。

4．監査証拠の意義を説明しなさい。

《解答》

1．

(1) ○　監査人は，アサーションに関する内部統制を特定できない場合や，内部統制の運用状況の評価手続の結果が十分でない場合，実証手続を実施することのみが経営者の主張に適切に対応すると判断し，リスク評価の過程で内部統制の影響を考慮しないこともあります。

(2) ×　確認は，通常，実在性および期間配分の適切性に関する監査証拠を入手するために適用されます。

(3) ×　監査人自らが，現物を実際に確かめる手続は，実査です。

(4) ○　たとえば,議事録は,会議の後の口頭による議事説明よりも証明力があります。また,原本によって提供された監査証拠は，コピーやファックスによって提供された監査証拠よりも証明力が強いとされます。

(5) ×　経営者確認書は，監査人に対する経営者からの書面ですが，記載される内容はいずれも監査人が必要と認めて経営者に確認を求めた事項です。また，通常，監査人が草案を作成し，経営者に内容の説明を行って事前に了解を求めなければなりません。

2．ア．リスク評価，イ．内部統制，ウ．リスク対応，エ．監査リスク，オ．運用評価，カ．実証

3．①　実在性

・貸借対照表に計上されている25億円の棚卸資産は物理的に存在している。

・25億円の棚卸資産は，事業の正常な営業過程において使用されている，または販売のために保有された項目を示している。

② 評価の妥当性

（以下の２つについて商品評価損５億円は妥当である）

・棚卸資産は，適切な場合，再調達原価あるいは正味実現可能価額に減額されている。

・棚卸資産に含まれている滞留，過剰，欠陥，陳腐化項目は適切に認識され評価されている。

4．監査証拠とは，監査人が財務諸表に対する意見を形成するための根拠となる基礎資料をいいます。つまり，監査要点の立証のために使用されるすべての情報です。監査業務は，監査要点に対して監査人が自己の判断を形成するために必要な監査証拠を収集し評価する活動です。監査証拠には様々な種類のものがありますが，立証すべき監査要点に対して適合するものと適合しないものがあります。監査要点と関連性のない証拠を収集しても意味がありませんから，監査人は十分かつ適切な監査証拠を入手するために，監査証拠の種類，入手される状況などを考慮して監査証拠の証明力を正しく識別することが大切であるといえます。監査人は，このように収集された個々の監査証拠を最終的に総合して財務諸表全体の適正性に対する意見を形成します。

第9章 監査結果の報告

これまで，監査の必要性，監査実施のための環境整備，具体的な監査の実施プロセス，結論としての監査人の総合的判断の形成について順を追って説明してきました。

監査自体は，財務諸表に対する監査人の総合的判断，すなわち，監査意見の形成をもって一旦終了します。次の課題は，監査意見を含む監査結果をどのように報告するかです。監査の結論は，会社を取り巻くステークホルダーが財務諸表を信頼して利用してよいかどうかについて，監査人の意見として表明されます。しかし，監査意見について数多くのステークホルダーと直接コミュニケーションを図ることはできません。監査人からの一方的なコミュニケーション手段として作成されるのが監査報告書です。

したがって，監査報告書では，読者の誤解を招くような記載をしてはなりません。記載内容について一定の枠組みを決めることが必要となるのです。

監査人は，監査意見に加えて財務諸表利用者に強調ないし説明すべき事項を発見することもあります。さらに，監査のプロセスに関する情報を記載することによって，監査の透明化を図ろうとする動きも広がっています。監査報告書を意見表明の手段としてとらえるだけではなく，監査人からの追加的な情報提供手段としても活用すべきとする考え方，監査報告書の長文化が進んでいます。

本章では，監査結果の報告に関する基本的な枠組みを学び，監査報告書の機能，監査意見の種類とその記載，さらには，昨今の監査報告書の根本的な変革についても学習します。

1 監査報告書

監査の結果は，財務諸表に添付される**監査報告書**を通じて公表されます。監査報告書は，会社の作成する財務諸表と同じように，監査人から利用者への一方的な伝達手段でしかありません。監査人が記載内容について利用者に説明をしたり，利用者が監査人に質問する機会を設けることは一般的ではありません。

したがって，監査報告書は，それ自体で自己完結することが必要となります。監査人が監査報告書の内容を自由に構成し，読者の誤解を招くような記載をすると，監査そのものに対する信頼性が失われます。監査報告書の構成，記載内容，文言について一定の枠組みを決めることが必要となるのです。

本書が扱ってきたのはもっとも普及している監査，**金融商品取引法**（金商法）第193条の２が規定する財務諸表の監査です。**図表９－１**は，金商法監査においてもっとも標準的に利用される監査報告書の文例です。

第３章で取り上げたように，法律が規定する監査には金商法監査に加えて，**会社法**に基づく監査もあります。金商法と会社法は法律の制定趣旨が異なり，監査対象となる**財務諸表**と**計算書類**の範囲も一部相違しますが，財務諸表（計算書類）の**適正性**に関する**監査意見**を表明する枠組みは同じです。したがって，一部文言の相違はあっても監査報告書の文例は実質的に異なるものではありません[1]。

以下，監査報告書の構成と記載内容について，金商法監査における監査報告書の標準文例に沿って説明しましょう。

2　監査報告書の構成と記載内容

監査人は，監査手続を経て入手した数多くの**監査証拠**に基づいて監査意見を形成します。その過程は複雑で，これらすべてを文章化しても却って読者を惑わすだけです。監査報告書は，通常，延べ数千時間に及ぶ監査の結果を，一枚の紙に1,000文字程度で記載してきました。したがって，監査報告書の記載内容には，すべて定まった意味があったのです。しかし，一方では，東芝をはじめとする昨今の不正会計事件から，監査報告書の定型文（boilerplate）による表示に対して，情報としての価値がないとの批判も寄せられるようになりまし

1　会社法監査の標準文例は日本公認会計士協会，監査・保証実務委員会実務指針第85号「監査報告書の文例」文例10を参照してください。

図表９－１　監査報告書（無限定適正意見の場合）の様式・記載内容

独立監査人の監査報告書

×年×月×日

○○株式会社
　取締役会　御中

○○監査法人
　○○事務所
　指定社員
　業務執行社員　公認会計士　○○○○　印
　指定社員
　業務執行社員　公認会計士　○○○○　印

監査意見

　当監査法人は，金融商品取引法第193条の２第１項の規定に基づく監査証明を行うため，「経理の状況」に掲げられている○○株式会社の×年×月×日から×年×月×日までの連結会計年度の連結財務諸表，すなわち，連結貸借対照表，連結損益計算書，連結包括利益計算書，連結株主資本等変動計算書，連結キャッシュ・フロー計算書，連結財務諸表作成のための基本となる重要な事項，その他の注記及び連結附属明細表について監査を行った。

　当監査法人は，上記の連結財務諸表が，我が国において一般に公正妥当と認められる企業会計の基準に準拠して，○○株式会社及び連結子会社の×年×月×日現在の財政状態並びに同日をもって終了する連結会計年度の経営成績及びキャッシュ・フローの状況を，すべての重要な点において適正に表示しているものと認める。

監査意見の根拠

　当監査法人は，我が国において一般に公正妥当と認められる監査の基準に準拠して監査を行った。監査の基準における当監査法人の責任は，「連結財務諸表監査における監査人の責任」に記載されている。当監査法人は，我が国における職業倫理に関する規定に従って，会社及び連結子会社から独立しており，また，監査人としてのその他の倫理上の責任を果たしている。当監査法人は，意見表明の基礎となる十分かつ適切な監査証拠を入手したと判断している。

監査上の主要な検討事項

　監査上の主要な検討事項とは，当連結会計年度の連結財務諸表の監査において，監査人が職業的専門家として特に重要であると判断した事項である。監査上の主要な検討事項は，連結財務諸表全体に対する監査の実施過程及び監査意見の形成において対応した事項であり，当監査法人は，当該事項に対して個別に意見を表明するものではない。

　＊＊＊＊＊＊＊＊＊＊＊＊＊＊＊＊＊＊＊＊＊＊＊＊＊（監査上の主要な事項の記載例：省略筆者）

連結財務諸表に対する経営者並びに監査役及び監査役会の責任

　経営者の責任は，我が国において一般に公正妥当と認められる企業会計の基準に準拠して連結財務諸表を作成し適正に表示することにある。これには，不正又は誤謬による重要な虚偽表示のない連結財務諸表を作成し適正に表示するために経営者が必要と判断した内部統制を整備及び運用することが含まれる。

　連結財務諸表を作成するに当たり，経営者は，継続企業の前提に基づき連結財務諸表を作成することが適切であるかどうかを評価し，我が国において一般に公正妥当と認められる企業会計の基準に基づいて継続企業に関する事項を開示する必要がある場合には当該事項を開示する責任がある。

監査役及び監査役会の責任は，財務報告プロセスの整備及び運用における取締役の職務の執行を監視することにある。

連結財務諸表監査における監査人の責任

監査人の責任は，監査人が実施した監査に基づいて，全体としての連結財務諸表に不正又は誤謬による重要な虚偽表示がないかどうかについて合理的な保証を得て，監査報告書において独立の立場から連結財務諸表に対する意見を表明することにある。虚偽表示は，不正又は誤謬により発生する可能性があり，個別に又は集計すると，連結財務諸表の利用者の意思決定に影響を与えると合理的に見込まれる場合に，重要性があると判断される。

監査人は，我が国において一般に公正妥当と認められる監査の基準に従って，監査の過程を通じて，職業的専門家としての判断を行い，職業的懐疑心を保持して以下を実施する。

＊＊＊＊＊＊＊＊＊＊＊＊＊＊＊＊＊＊＊＊（監査基準に準拠して実施する監査の内容：省略筆者）

監査人は，監査役及び監査役会に対して，計画した監査の範囲とその実施時期，監査の実施過程で識別した内部統制の重要な不備を含む監査上の重要な発見事項，及び監査の基準で求められているその他の事項について報告を行う。

監査人は，監査役及び監査役会に対して，独立性についての我が国における職業倫理に関する規定を遵守したこと，並びに監査人の独立性に影響を与えると合理的に考えられる事項，及び阻害要因を除去又は軽減するためにセーフガードを講じている場合はその内容について報告を行う。

監査人は，監査役及び監査役会と協議した事項のうち，当連結会計年度の連結財務諸表の監査で特に重要であると判断した事項を監査上の主要な検討事項と決定し，監査報告書において記載する。ただし，法令等により当該事項の公表が禁止されている場合や，極めて限定的ではあるが，監査報告書において報告することにより生じる不利益が公共の利益を上回ると合理的に見込まれるため，監査人が報告すべきでないと判断した場合は，当該事項を記載しない。

利害関係

会社及び連結子会社と当監査法人又は業務執行社員との間には，公認会計士法の規定により記載すべき利害関係はない。

以　上

（出所）日本公認会計士協会，監査・保証実務委員会実務指針第85号「監査報告書の文例」文例１（最終改正：令和元年６月27日）

た。ここに，監査報告書の長文化とともに，記載区分の大幅な見直しなど，これまでにない大きな変革が実施されたのです（2018年７月５日企業会計審議会「監査基準の改訂に関する意見書」）。

今回の監査基準改訂の主題は，「監査上の主要な検討事項」の新設です。しかし，この記載事項は監査意見とは明確に区分される新たな情報提供という性格をもちます。したがって，「監査上の主要な検討事項」については，意見表明のための監査報告書記載事項とは別に取り上げます。改訂監査報告書は,「監査上の主要な検討事項」の区分を除くと，５つの記載区分から構成されています。この他,「独立監査人の監査報告書」という表題とともに，日付，宛先，監査人の署名が記載されます。日付は，関与先での監査作業終了日となりますが，監査人が責任を引き受ける対象期間と考えることもできますのでこの記載も重要です。

1　監査意見

今回の監査報告書の改訂では，利用者にとってもっとも関心の高い「監査意見」の記載が冒頭に移されました。ここでは，次の事項が記載されます。

① 監査の対象
② 財務諸表が，一般に公正妥当と認められる企業会計の基準に準拠していること。
③ 財務諸表が，決算日現在の財政状態並びに当該会計年度の経営成績及びキャッシュ・フローの状況を，すべての重要な点において適正に表示しているものと認める旨。

監査意見の区分では，監査の最終結論が記載されますから，監査報告書の読者にとってもっとも重要な記載となります。

意見表明機能

ここでは**無限定適正意見監査報告書**の文例を取り上げて説明しています。監査の結論は財務諸表を信頼して利用することができるという監査人の意見の表明を意味します。

監査意見の記載が監査の最終結論であるのなら，財務諸表が②会計の基準に準拠しているとか，③適正に表示されているといったいずれかの記載で足りるのではないでしょうか。なぜ，２つの事項の記載が行われるのでしょう。

監査対象である財務諸表は「記録と慣習と判断の総合的表現」であると言われるように，そこには経営者の主観的判断が大きく反映されています。この主観的判断をできるだけ一定の枠組みにおさめようとして設定されてきたのが企業会計の基準です。②の記載は，財務諸表が基準準拠性の枠組みの中で作成されているか否かについての監査人の判断です。

企業の実態を画一的にとらえることはできません。そのため，企業会計の基準は会計方針に選択の余地を残しています。また，企業を取り巻く経済環境も常に変化を遂げており，新たな取引形態も生まれてきています。一方，企業会計の基準は合意のもとで作成されるひとつの制度ですので，実態の変化に即座に対応して改訂ないし新たな会計方針を新設することができません。監査を担当する公認会計士は職業専門家としてこのような事態に対応することが求められます。すなわち，**財務諸表の適正表示**に関する判断においては，企業会計の基準を重要な判断要素としながらも，形式的な基準準拠性のみならず，財務諸表が会計事象や取引の実態を適切に反映しているかどうかといった適正表示に関する実質的判断が求められるのです。③の記載はこのような監査人の**実質的判断**の結果を示すものです。

2　監査意見の根拠

従来，監査人の責任区分で記載されていた内容の一部が，新たに設けられた監査意見の根拠区分に記載されることとなりました。記載事項のうち，①と②は，監査人が当然に従うべき基準および属性を記載するものですから，監査意見の種類にかかわらず定型的な文言になります。しかし，③の記載については，監査人が意見表明の基礎となる十分かつ適切な監査証拠を入手した旨の宣言であって，入手した監査証拠によっては，監査意見の内容が異なることになります。また，十分かつ適切な監査証拠を入手できない場合には記載内容に修正を加えることが必要となります。

すなわち，「監査意見の根拠」の区分が設けられるのは，無限定適正意見以外の意見を表明する場合に，その根拠となる除外事項（後述します）について，明確に記載する区分を設定するためといえます。

① 監査人は，一般に公正妥当と認められる監査の基準に準拠して監査をおこなったこと
② 監査人は，職業倫理に関する規定に従って，会社から独立しており，また，監査人としてのその他の倫理上の責任を果たしていること
③ 監査人は，意見表明の基礎となる十分かつ適切な監査証拠を入手したと判断していること

3 （連結）財務諸表に対する経営者並びに監査役及び監査役会の責任

この区分では，従来の経営者の責任に加えて，財務諸表の作成に関する監査役（会）の責任も記載されることとなりました。

① 経営者が，一般に公正妥当と認められる企業会計の基準に準拠して財務諸表を作成し適正に表示する責任を有すること
② 経営者の責任には，重要な虚偽表示のない財務諸表を作成し適正に表示するために必要な内部統制を整備・運用することが含まれること
③ 経営者は，継続企業の前提に基づき財務諸表を作成することが適切であるかどうかの評価を行い，継続企業に関する事項を開示する必要がある場合には，当該事項を開示する責任があること
④ 監査役（会）の責任は，財務報告プロセスの整備及び運用における取締役の職務の執行を監視することにあること

財務諸表の作成権限は第一義的に経営者にあります。同時に適正な財務諸表の作成責任も経営者にあります。しかし，監査済み財務諸表の利用者は，財務

諸表に**重要な虚偽表示**のあることが判明した場合，監査人にその責任があると考えがちです。①の記載は，財務諸表の虚偽表示自体に監査人の責任はないこと，その責任は経営者にあることを明示するものです。

適正な財務諸表の作成には適切な**内部統制**の整備・運用が不可欠です。この責任も経営者にあることが②の記載によって明示されます。

また，財務諸表は，事業活動は継続するという公準に基づいて作成されます。③の記載は，この公準が成立しているか否かの評価ならびにその開示も財務諸表作成主体である経営者の責任であることを明示しています。

さらに，今回の改訂では，監査役（会）の責任も記載されることとなりました。監査役（会）の役割，責任が重視されることとなってきたからです。

4 監査人の責任

「監査人の責任」の区分では，次の事項が記載されます。

① 監査人の責任は，実施した監査に基づき，独立の立場から財務諸表に対する意見を表明すること
② 監査の基準は監査人に財務諸表に重要な虚偽の表示がないかどうかの合理的な保証を得ることを求めていること
③ 一般に公正妥当と認められる監査の基準に従って，職業的専門家としての判断を行い，職業的懐疑心を保持して監査を実施すること
④ 監査の実施とは，監査証拠を入手するための監査手続の実施であり，監査手続の選択適用は監査人のリスク評価に基づくこと，リスク評価にあたっては，監査に関連する内部統制の検討を行っていること，また，監査には，経営者が採用した会計方針，およびその適用方法，ならびに経営者によって行われた見積りの評価も含め，全体としての財務諸表の表示を検討することが含まれること
⑤ 監査役および監査役会と適切な連携を図ること
⑥ 監査役および監査役会と協議した事項のうち，監査上の主要な検討事項を決定して監査報告書に記載すること

「財務諸表に対する経営者並びに監査役及び監査役会の責任」の記載区分で，

経営者には適正な財務諸表の作成責任ならびにそのために必要な内部統制の整備・運用責任があることを記載しました。これに対して，本区分①の記載は，監査人の責任が財務諸表に対する意見の表明にあることを明示するものです。経営者の財務諸表作成責任と監査人の財務諸表に対する意見表明責任を明確に区分するための記載です。監査対象である財務諸表に関して，経営者の責任と監査人の責任が異なることを，財務諸表監査における**二重責任の原則**といいます。

図表９－２　二重責任の原則

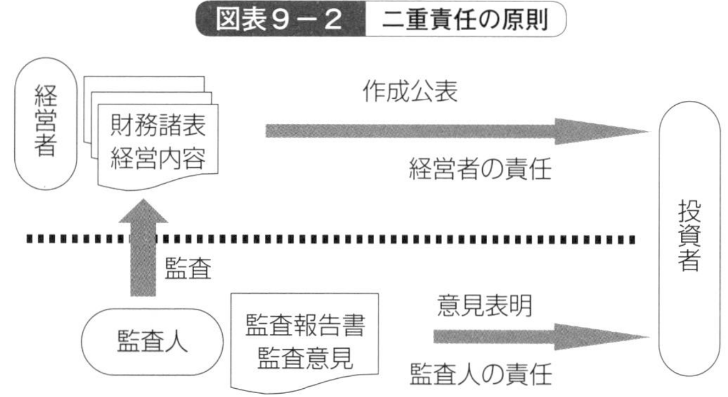

②から④は，監査人が意見表明責任を果たすために実施する監査が一般に公正妥当と認められる**監査の基準**に準拠して行われたものであること，また，監査基準に準拠した監査実施の内容を明らかにすることによって，監査人が引き受ける責任の範囲を伝えるとともに，監査の性質について読者の理解を促すための記載であるといえます。

また，⑤および⑥の記載は，この度の改訂で新たに記載することとなった監査役（会）との連携ならびに協議内容から導かれる監査上の主要な検討事項についての記載ですが，この点については，後述します。

5　利害関係

「**利害関係**」の区分では，被監査会社と監査人との間には，公認会計士法の規定により記載すべき利害関係はない旨が記載されます。監査報告書の表題が「独立監査人の監査報告書」となっていることから，この記載は屋上屋を架すものであり不要であるという考え方もありますが，法令等（公認会計士法第25条第２項等）により記載が求められています。

3 除外事項と監査意見

1 除外事項の種類と監査意見

図表９－１は，監査人が**無限定適正意見**を表明するのに十分かつ適切な監査証拠を入手し，財務諸表が適正に表示されていると判断した場合に作成されるもっとも一般的な監査報告書です。しかし，実際の監査では無限定適正意見を表明できない場合も想定され，状況に応じて監査報告書の記載内容を修正せざるを得ないこともあります。

無限定適正意見を表明することができない要因となる事象のことを**除外事項**といいます。監査報告書では，「…を除き，…企業会計の基準に準拠して，…適正に表示しているものと認める」（傍点筆者）と記載されます。このような監査意見を**限定付適正意見**と呼びます。しかし，除外される財務諸表の範囲が広がれば広がるほど，除外事項を付けた限定付適正意見の表明そのものが無意味となることも考えられます。また，同じ限定付適正意見であっても，除外事項の性質により限定の意味が異なることもあります。

除外事項は，監査意見と関連させて**図表９－３**のように，４つに類型化することができます

監査意見は，監査人が入手した十分かつ適切な監査証拠に基づいて表明されます。**図表９－３**の上段は，入手した監査証拠によれば，財務諸表に重要な虚偽表示があるという合理的保証を得た場合に表明される監査意見です。限定付適正意見[2]Ａと**不適正意見**のふたつがあります。下段の分類は，十分かつ適切な監査証拠を入手できなかったために，財務諸表に重要な虚偽表示がないとい

2　ここで限定付適正意見Ａ・Ｂとしているのは，限定付適正意見の性格に２つのものがあることを区別するために便宜上付けたものに過ぎません。実務上はいずれも限定付適正意見と呼ばれます。

図表９－３　除外事項の種類と監査意見

財務諸表に及ぼす影響の範囲に関する監査人の判断／除外事項の性質	重要だが広範でない	重要かつ広範である
重要な虚偽の表示がある	限定付適正意見Ａ	不適正意見
十分かつ適切な監査証拠が入手できず，重要な虚偽表示の可能性がある	限定付適正意見Ｂ	意見不表明

（注）　日本公認会計士協会，監査・保証実務委員会実務指針第85号の図を一部修正し，限定付適正意見を除外事項の性質に応じて便宜上ＡとＢ２つに分類しています。

う合理的保証を得られなかったこと，言い換えれば，重要な虚偽表示が存在する可能性がある場合に表明される監査意見です。限定付適正意見Ｂと意見不表明のふたつに分類されます。重要な除外事項がある場合，監査意見として，限定付と不適正ならびに限定付と**意見不表明**のいずれを選択するか，その判断基準はなんでしょう。

限定付適正意見が表明されるのは，除外事項をして，財務諸表に重要な虚偽表示がある，ないし重要な虚偽表示の可能性があるという監査人の判断です。「重要である」と判断された除外事項は，次に，その影響が財務諸表の広範囲にわたるかどうかについて判断されます。財務諸表に及ぼす影響が重要かつ広範であれば，もはや「…を除き，…企業会計の基準に準拠して，…適正に表示しているものと認める」という監査意見は意味をなしません。このような場合，除外事項の性質によって不適正意見ないし意見不表明が記載されることとなります。

監査人の意見は無限定適正意見を理想としますが，監査実施において重要な除外事項が発見された場合，除外事項の性質および財務諸表に及ぼす影響の範囲に応じて，２つの異なる種類の限定付適正意見，さらには，不適正意見，意見不表明のいずれかが表明されることとなります。すなわち，監査人が表明する意見は大きく５つに分類されることとなります。

図表9－4　監査人の判断と監査意見の変化

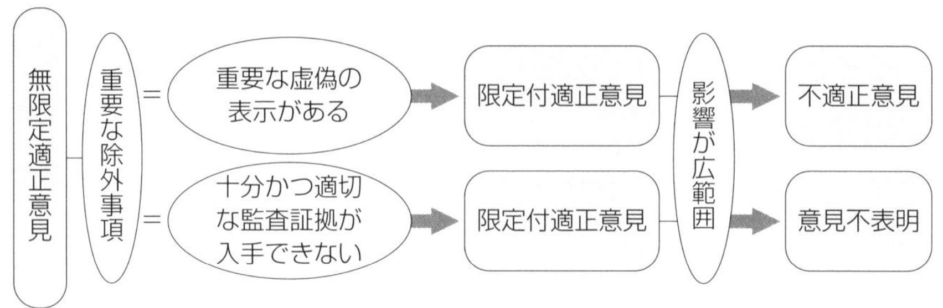

2　監査報告書の修正

無限定適正意見を表明できない除外事項が存在する場合，**図表9－4**で示したように，監査意見は2つの類型に分かれ，除外事項の性質と影響の範囲によってさらに4つの監査意見に分かれて行きます。この場合，監査報告書の修正が必要となります。

監査報告書の読者の誤解を防ぐためには，無限定適正意見の標準文例が公表されているのと同じ意味で，残りの4つの監査意見についても，それぞれ標準文例を示すことが不可欠です。このとき，無限定適正意見の文例を基本として，記載内容の修正はできるだけ少なくすることが必要です。

説明してきましたように，無限定適正意見監査報告書は，新たに追加された「監査上の主要な検討事項」の区分を除けば，5つの記載区分から構成されています。記載事項の大部分は読者に対する説明的な記載であり，どの監査においても記載内容は画一的です。修正が必要となるのは，監査実施の結果，監査人がくだす判断ならびにその理由，換言すれば監査の結論のみとなります。具体的には，修正の対象は，「監査意見の根拠」区分における「③監査人は，意見表明の基礎となる十分かつ適切な監査証拠を入手したと判断していること」の記載，および「監査意見」の区分の記載に限られます。以下，どのように修正するか説明しましょう。

1 ▶ 意見に関する除外事項と監査報告書

監査基準・第四報告基準四の１・２では,「監査人は, 経営者が採用した会計方針の選択及びその適用方法, 財務諸表の表示方法に関して不適切なものがあり」, その影響が重要である場合には, 財務諸表全体として虚偽の表示に当たるかどうかという影響の広範性判断により, 限定付適正意見ないし不適正意見を表明しなければならない, としています。これらの意見を表明する場合は,「監査意見の根拠」の見出しを「限定付適正意見の根拠」ないし「不適正意見の根拠」と修正したうえで, **図表９－５・６**の文例にしたがった監査報告書を作成しなければなりません。それぞれの意見表明の根拠についても, 不適正意見については, 財務諸表が不適正であると判断した理由を, 限定付適正意見については, 財務諸表利用者の視点から, 除外した不適切な事項および財務諸表に与えている影響に加えて, 除外事項に関し重要性はあるが広範性はないと判

図表９－５　重要な虚偽表示による限定付適正意見の文例

限定付適正意見

…（図表９－１と同様の記載：筆者）

当監査法人は, 上記の連結財務諸表が,「限定付適正意見の根拠」に記載した事項の連結財務諸表に及ぼす影響を除き, 我が国において一般に公正妥当と認められる企業会計の基準に準拠して, ○○株式会社及び連結子会社の×年×月×日現在の財政状態並びに同日をもって終了する連結会計年度の経営成績及びキャッシュ・フローの状況をすべての重要な点において適正に表示しているものと認める。

限定付適正意見の根拠

（除外した不適切な事項及び財務諸表に与えている影響に加えて, 除外事項に関し重要性はあるが広範性はないと判断し限定付適正意見とした理由の記載）

当監査法人は, …（図表９－１と同様の記載：筆者）。当監査法人は, 限定付適正意見表明の基礎となる十分かつ適切な監査証拠を入手したと判断している。

（出所）日本公認会計士協会, 監査・保証実務委員会実務指針第85号「監査報告書の文例」文例15に加筆修正。

図表9－6　不適正意見の文例

> 不適正意見
>
> …（図表9－1と同様の記載：筆者）
>
> 当監査法人は，上記の連結財務諸表が，「不適正意見の根拠」に記載した事項の連結財務諸表に及ぼす影響の重要性に鑑み，我が国において一般に公正妥当と認められる企業会計の基準に準拠して，○○株式会社及び連結子会社の×年×月×日現在の財政状態並びに同日をもって終了する連結会計年度の経営成績及びキャッシュ・フローの状況を，適正に表示していないものと認める。
>
> 不適正意見の根拠
>
> （財務諸表が不適正であるとした理由の記載）
>
> 当監査法人は，…（図表9－1と同様の記載：筆者）。当監査法人は，不適正意見の基礎となる十分かつ適切な監査証拠を入手したと判断している。

（出所）日本公認会計士協会，監査・保証実務委員会実務指針第85号「監査報告書の文例」文例17に加筆修正。

断し限定付適正意見とした理由を可能な限り具体的に記載することが要求されています。

また，「監査人は，意見表明の基礎となる十分かつ適切な監査証拠を入手したと判断していること」の記載についても，「限定付適正意見表明の基礎となる…」ないし「不適正意見表明の基礎となる…」というように，それぞれの意見表明の基礎となる「十分かつ適切な監査証拠を入手した」という自らの判断を記載しなければなりません。

2▶ 監査範囲の制約に関する除外事項と監査報告書

監査基準・第四報告基準五では，監査範囲の制約に関する除外事項として以下のものを上げています。

① 重要な監査手続を実施できなかった場合
② 他の監査人が実施した監査の重要な事項について，その監査の結果を利用できないと判断し，さらに当該事項について，重要な監査手続を追加して実施できなかった場合
③ 将来の帰結が予測し得ない事象又は状況について，財務諸表に与える当該事象または状況の影響が複合的かつ多岐にわたる場合

監査人は，重要な監査手続が実施できなかった場合など，意見表明のための十分かつ適切な監査証拠が入手できなかったため，財務諸表に重要な虚偽表示の可能性があるか否かの判断ができない場合もあります。このように，監査範囲の制約に関する除外事項がある場合，意見に関する除外事項が存在する場合と同様，虚偽表示の可能性が財務諸表全体に影響を及ぼすほど広範であるかどうかの判断により，限定付適正意見を表明するか意見不表明とするかを選択しなければなりません。

この場合，「監査意見」の区分は，「限定付適正意見」ないし「意見不表明」という見出しに修正したうえで，「限定付適正意見の根拠」ないし「意見不表明の根拠」と続きます。また，意見の根拠の区分においては，実施できなかった監査手続および当該事実が影響する事項とともに，限定付適正意見の場合には，除外事項に重要性はあるが広範性はないと判断した理由を記載しなければなりません。

図表９－７・８がそれぞれの監査報告書の文例です。

なお，「監査人の責任」区分における「監査人は，意見表明の基礎となる十分かつ適切な監査証拠を入手したと判断していること」の記載については，意見不表明の場合は，**図表９－８**にあるように「…十分かつ適切な監査証拠を入手することができなかった」と修正されます。

4　継続企業の前提と監査報告書

財務諸表は，反証のない限り事業活動を継続するという，いわゆる継続企業

図表9－7　監査範囲の制約による限定付適正意見の文例

限定付適正意見

…（図表９－１と同様の記載：筆者）

当監査法人は，上記の連結財務諸表が，「限定付適正意見の根拠」に記載した事項の連結財務諸表に及ぼす可能性のある影響を除き，…（傍点筆者）適正に表示しているものと認める

限定付適正意見の根拠

会社は，……………している。当監査法人は，……できなかったため，……について，十分かつ適切な監査証拠を入手することができなかった。

したがって，当監査法人は，これらの金額に修正が必要となるかどうかについて判断することができなかった。

当監査法人は，（図表９－１と同様の記載：筆者）。当監査法人は，限定付適正意見表明の基礎となる十分かつ適切な監査証拠を入手したと判断している。

（出所）日本公認会計士協会，監査・保証実務委員会実務指針第85号「監査報告書の文例」文例16に加筆修正。

（ゴーイング・コンサーン）の公準に基づいて作成されます。しかし，実際には，事業活動の停止（いわゆる倒産）という事態も発生しています。

継続企業の前提に疑義があるかどうかは，本来，財務諸表の適正表示の問題というより，財務諸表に基づく企業評価の判断に関わるものということもできます。したがって，財務諸表監査の対象ではないという考え方が従来とられてきました。しかし，1980年代後半から1990年代初頭にかけてのバブル景気の崩壊後，監査人が無限定適正意見を表明した財務諸表の発行企業が１年もたたない間に事業活動を停止するという事態が相次いだことから，財務諸表監査の有効性を疑う意見が高まりました。

このような事態を受け，企業会計および財務諸表監査において，継続企業の前提に重要な疑義を生じさせるような事象または状況が存在する場合，財務諸表開示ならびに財務諸表監査において積極的な対応を要求する規則や基準の改訂が行われました。平成14（2002）年における財務諸表規則ならびに監査基準

図表９－８　意見不表明の文例

意見不表明
…（図表９－１と同様の記載：筆者）
当監査法人は，「意見不表明の根拠」に記載した事項の連結財務諸表に及ぼす可能性のある影響の重要性に鑑み，連結財務諸表に対する意見表明の基礎となる十分かつ適切な監査証拠を入手することができなかったため，監査意見を表明しない。（傍点筆者）

意見不表明の根拠
会社の共同支配企業XYZ社に対する投資は，会社の連結貸借対照表上×××百万円で計上されており，これは，×年12月31日現在の会社の純資産の90%超に相当する。当監査法人は，XYZ社の経営者及び監査人とのコミュニケーションが認められず，また，XYZ社の監査人の監査調書の閲覧も認められなかった。その結果，当監査法人は，共同支配企業であるXYZ社の資産，負債及び損益に係る持分相当額，並びに連結株主資本等変動計算書と連結キャッシュ・フロー計算書を構成する数値に修正が必要となるか否かについて判断することができなかった。

連結財務諸表に対する経営者並びに監査役及び監査役会の責任
（図表９－１と同様の記載：筆者）

連結財務諸表監査における監査人の責任
監査人の責任は，我が国において一般に公正妥当と認められる監査の基準に準拠して監査を実施し，監査報告書において意見を表明することにある。しかしながら，本報告書の「意見不表明の根拠」に記載されているとおり，当監査法人は連結財務諸表に対する意見表明の基礎となる十分かつ適切な監査証拠を入手することができなかった。当監査法人は，我が国における職業倫理に関する規定に従って，会社及び連結子会社から独立しており，また，監査人としてのその他の倫理上の責任を果たしている。

（出所）日本公認会計士協会，監査・保証実務委員会実務指針第85号「監査報告書の文例」文例18に加筆修正。

の改訂がそれです。

財務諸表監査において監査人は，財務諸表における表示および開示を前提に，財務諸表に重要な虚偽の表示がないかどうかの合理的な保証を得ることによって監査意見を形成します。継続企業の前提に関する監査においても，まずは継続企業の前提に関する重要な不確実性が認められるような事象または状況に関する開示が要求されます。具体的には，財務諸表規則第８条の27（継続企業の前提に関する注記）で次のように規定されています。

〈財務諸表規則第８条の27〉

貸借対照表日において，企業が将来にわたって事業活動を継続するとの前提（以下「継続企業の前提」という。）に重要な疑義を生じさせるような事象又は状況が存在する場合であつて，当該事象又は状況を解消し，又は改善するための対応をしてもなお継続企業の前提に関する重要な不確実性が認められるときは，次に掲げる事項を注記しなければならない。ただし，貸借対照表日後において，当該重要な不確実性が認められなくなつた場合は，注記することを要しない。

一　当該事象又は状況が存在する旨及びその内容
二　当該事象又は状況を解消し，又は改善するための対応策
三　当該重要な不確実性が認められる旨及びその理由
四　当該重要な不確実性の影響を財務諸表に反映しているか否かの別

この規定は，注記の内容について規定するとともに，注記が必要となる状況についても明らかにしています。継続企業の前提に重要な疑義を生じさせるような事象または状況が存在する場合であっても注記が不要となるケースもあります。

注記開示の判断プロセスは**図表９－９**のとおりです。

継続企業の前提に関する監査対象は上記の注記ですが，監査人はこのような注記の有無にかかわらず，「継続企業の前提に基づき経営者が財務諸表を作成することが適切であるか否かを検討しなければ」（監査基準・第三実施基準一基本原則６）なりません。疑義が存在する場合，監査人は，上記の注記内容について監査証拠の収集・評価活動を展開していきます。継続企業の前提に関する

図表9－9　注記開示の判断プロセス

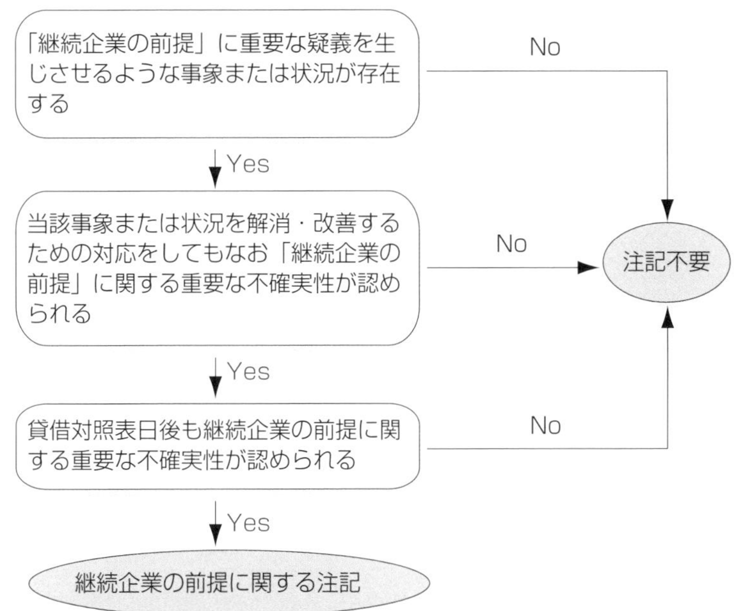

意見表明のプロセスは監査基準[3]と照らし合わせると，**図表9－10**のようになります。

継続企業の前提に関する監査は，この前提に関する重要な不確実性がある場合に問題となりますが，第一義的には，あくまでも財務諸表における開示が要求されます。監査は，この開示自体の適切性に関連して監査証拠を収集し，開示が適切であるかどうかの観点から財務諸表の適正表示が判断されるのです。また，開示が適切であって無限定適正意見が表明される場合でも，継続企業の前提に関する重要な不確実性は財務諸表利用者の判断にとって重要ですから，その事実を強調するために「継続企業の前提に関する事項」の区分を設けて監査報告書に記載されます。

3　監査基準・第三実施基準・三監査の実施8および第四報告基準・六継続企業の前提などを参照。

図表9－10　監査手続と監査意見のパターン

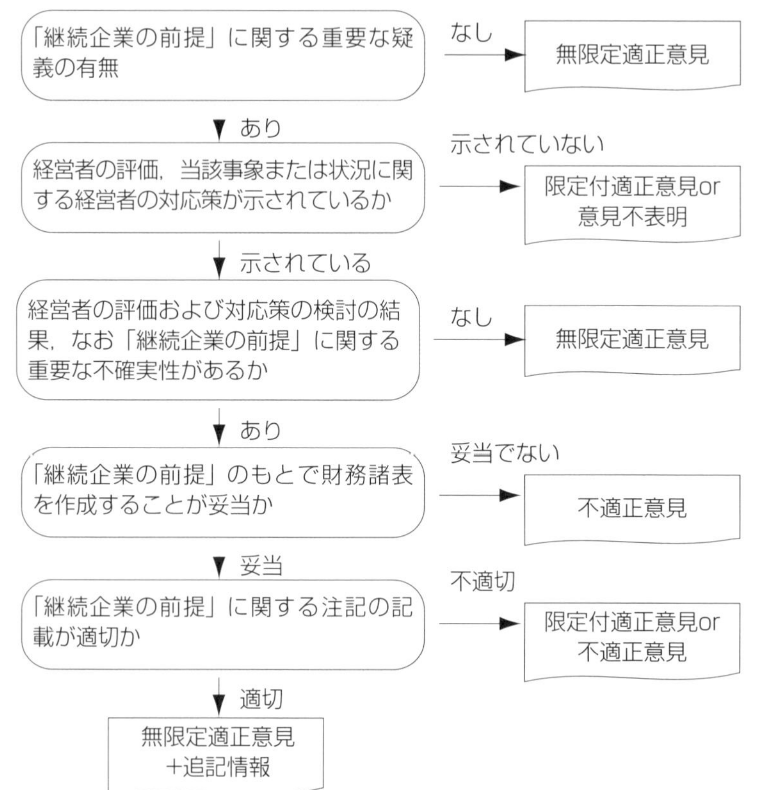

参考：継続企業の前提に関する監査上の取扱い（2009年３月24日　企業会計審議会第19回監査部会資料）を加筆修正。

5　追記情報

1　追記情報の意義

監査報告書は，財務諸表の適正表示に関する監査人の意見を表明することにその本質的意味があります。これを**意見表明機能**と言います。

一方，会社の取引が複雑化するとともに，財務諸表を理解して経営内容を判断することが困難となってきています。監査報告書の読者は，財務諸表を理解する上で重要な事項の強調，さらには財務諸表に記載のない追加的な情報をますます必要としています。会計ならびに監査のプロフェッショナルである監査人に対しこの種の要求が高まるのは自然の成り行きです。監査意見以外の情報を監査報告書に追加的に記載すること，これを監査報告書の**情報提供機能**といいます。

ただ，情報提供機能をいたずらに拡大することは望ましくありません。追加的な記載であっても，その内容について監査人は責任を負わねばなりません。何を記載するか，どこまで記載するか，監査報告書でどのように記載するかなど，情報提供機能の拡大については，慎重な判断が必要です。

現行の財務諸表監査において，監査報告書の情報提供機能を具体化した記載事項が**追記情報**です。報告基準二２の(3)では，追記情報[4]について次のように規定しています。

〈追記情報の規定（加筆修正：筆者）〉

監査人は，財務諸表の記載について強調する必要がある事項及び説明を付す必要がある事項を監査報告書に記載するに当たっては，別に区分を設けて，意見の表明とは明確に区別しなければならない。

追記情報は，財務諸表に対する意見とは別に，読者の注意を喚起するために監査報告書に追記することが必要であると監査人が判断する事項です。大きく，ふたつに分類されます。

① 財務諸表に適切に表示又は開示されている事項のうち，利用者が財務諸表を理解する基礎として重要である事項

② 必要に応じて，財務諸表に表示又は開示されていない事項のうち，監査，監査人の責任又は監査報告書についての利用者の理解に関連する事項

（出所）日本公認会計士協会，監査基準委員会報告書706，５。

4 「継続企業の前提に関する事項」も追記情報の一種ですが，その重要性のために，別に区分して記載されます。

①は，財務諸表における表示ないし開示を前提に，財務諸表を理解するために重要であると監査人が判断し，当該事項を強調して利用者に注意を喚起するために記載される事項です。監査報告書では，監査意見の区分の次に「強調事項」あるいは他の適切な見出しの区分を設けて記載します。監査意見ではありませんが，記載に当たっては当該事項について財務諸表の重要な虚偽表示がないという十分かつ適切な監査証拠を入手していることが必要です。

②の追記情報は，財務諸表に表示ないし開示されていない事項について，監査や監査人の責任，あるいは監査報告書についての利用者の理解に関連するため監査報告書において説明する必要があると監査人が判断した事項です。監査報告書では，通常，監査意見の区分と強調事項の区分の次に「その他の事項」あるいは他の適切な見出しの区分を設けて記載します。

2　追記情報の種類

報告基準七では，追記情報として次の４つの場合を例示しています。

〈追記情報の例示〉

① 正当な理由による会計方針の変更
② 重要な偶発事象
③ 重要な後発事象
④ 監査した財務諸表を含む開示書類における当該財務諸表の表示とその他の記載内容との重要な相違

例示のうち，①から③までの事項は，いずれも監査人が「強調することが適当と判断した事項」であり，経営者による表示または開示が前提となります。

これに対し，④は有価証券報告書など，監査済財務諸表が含まれる開示書類におけるその他の記載内容が当該財務諸表の表示と重要な相違がある場合を意味します。その他の記載内容は監査意見の対象ではなく，監査人は記載の適切性について判断する責任を有しません。しかし，重要な相違によって監査した財務諸表の信頼性が損なわれることもあるため，経営者がその他の記載内容の修正に応じないときは何らかの対応が必要となります。監査報告書の発行を停止する，監査契約を解除するなどの対応もありますし，監査人の判断で追記情報として記載することもあり得ます。追記情報として監査報告書に記載する必要があると判断した場合，④の重要な相違自体は財務諸表に表示または開示されていない事項ですので，監査意見の区分と強調事項の区分の次に「その他の事項」あるいは他の適切な見出しの区分を設けて記載することとなります

①の正当な理由に基づく会計方針の変更は，会社の状況をより適格に表すことができる会計方針への変更ですから，除外事項ではなく当然の変更です。従来は，会計方針の変更により変更前の財務諸表との比較可能性が損なわれるため，会社が注記において影響額等の説明を行ってきました。監査報告書においても，財務諸表利用に際して期間比較が重要であるため，追記情報として記載することにより強調すべき事項として取り上げられてきました。しかし，平成21年に公表された企業会計基準第24号「会計上の変更及び誤謬の訂正に関する会計基準」により，現行の有価証券報告書では，当期の財務諸表と前期の財務諸表を比較形式で開示するようになったため，会計方針の変更があった場合，前期財務諸表数値を修正して開示するようになりました。したがって，この種の会計方針の変更はもはや強調すべき事項とは言えなくなったとも考えられます。

一方，企業活動のグローバル化にともない，企業会計の国際化が課題となっており，国際財務報告基準（IFRS）に対応させるための我が国会計基準の改訂が進められています。会計基準の改訂後，その適用までは準備期間がおかれますが，企業によれば，新たな会計基準を早期に適用する場合もあります。会計基準の早期適用に関する注記がある場合，他企業との企業間比較にとって重要と判断されれば，この種の追記事項として監査報告書に記載されることとなります。

②の重要な**偶発事象**とは，多額の損害賠償支払いの可能性がある訴訟が提起されているなど，将来の結果に不確実性が存在している状況を意味し，財務諸表においてその事実が開示されます。当該偶発事象の存在を強調することが必要と判断された場合，監査報告書では追記情報として記載されます。

③の重要な**後発事象**とは，期末日の翌日から監査報告書日付までの間に発生した事象で，監査対象である財務諸表の修正または財務諸表における開示が必

要な事象を意味します。このうち，発生の原因が期中にあるため財務諸表の修正を要する後発事象については適切な財務諸表の修正がなされているか否かの判断となり，あくまでも監査意見の対象であって，追記情報とはなりません。後者の財務諸表における開示が必要な後発事象については，期末日後における重要な合併・買収の事実，災害による重大な損害の発生など次期以降の財務諸表に大きな影響を及ぼす事象ですので財務諸表注記における開示が必要です。このような開示の有無については監査意見の対象ですが，適切な開示が行われている場合，当該事実を強調する必要があると判断すれば追記情報として記載されることになります。

6 監査上の主要な検討事項

2018年度における全上場企業約3,750社のうち，無限定適正意見以外の監査報告書が提出された企業は６社，0.15％に過ぎません。言い換えれば，発行される監査報告書の大部分は**図表９－１**で示した無限定適正意見監査報告書の文例がそのまま利用されることになります[5]。

このように定型的な監査報告書の記載事項に対しては，監査意見がpass/fail（合格/不合格）の結論を示す点では有用であるが，その他の記載事項については紋切り型のテクニカル用語の羅列に過ぎず，利用者にとって有用な情報とは言えないと批判されてもいます。また，監査意見とは別に記載される継続企業の前提に関する事項も追記情報も，基本的には財務諸表に記載の事項を強調するための二重記載に過ぎません。

一方，昨今の会計では，固定資産の減損やM&Aにおける営業権の評価など，会計上の見積りに関する虚偽表示リスクが高まっています。監査人が無限定適正意見を表明しても，**職業的懐疑心**に基づいてこれらの**虚偽表示リスク**をどのように評価したのか，監査プロセスの透明化が必要となっています。

5　実際にこの文例が正式に適用されるのは，2021年３月決算からですので，現行の監査報告書には「監査上の主要な検討事項」の区分は含まれていません。

このような状況のもと，国際監査・保証基準審議会（IAASB）や米国の公開会社会計監督委員会（PCAOB）は，監査報告書記載内容の見直しとして，「監査判断において最も重要と考える事項（KAM/CAM）」を監査報告書に記載するよう提起したのです。

2018年７月５日付けで企業会計審議会から公表された改訂監査基準の主要なテーマも，英欧においてすでに実践され，米国のおいてもその導入が決まっている「**監査上の主要な検討事項（Key Audit Matters：KAM）**」[6]の新設でした。

KAMの記載は，これまで監査報告書の情報化を進めてきた追記情報や継続企業の前提に関する事項とはまったくその性格を異にしています。追記情報などの記載は，すでに財務諸表に記載されている事項を強調する目的を持っています。これに対して，KAMは，当期の監査において，監査人が重要な**監査リスク**を伴うと判断した事項，ならびにこのような事項に対する監査上の対応を説明するための記載です。たんに，「一般に公正妥当と認められる監査の基準に準拠した」という定型文ではなく，実際に実施した監査プロセスを明らかにする記載です。したがって，監査報告書の情報化というより監査報告書の透明化という用語が一般に使われます。

監査上の主要な検討事項の標準文例については，**図表９－１**で示しました。

標準文例に続いて，具体的なKAMの記載が以下の項目に分けて記載されます。

① 監査上の主要な検討事項の内容及び決定理由
② 監査上の対応

監査人は，**重要な虚偽表示リスク**のある項目すべてをKAMとするのではありません。まず当該監査において重要な虚偽表示リスクがあると判断した事項について，経営者，監査役，監査委員会等に報告し，意見交換を図ります。これらの事項の中から特に重要と判断した事項をKAMとして記載します。監査

6　米国ではKAMに相当する記載事項として，「監査上の重要な事項（Critical Audit Matters：CAM）」が2019年６月30日以降に終了する事業年度から適用されることになっています。

役等とコミュニケーションを図った内容が①の記載となります。KAMに対する監査上の対応の記載を加えることによって，財務諸表の利用者は，監査判断に困難をともなった事項は何か，当該事項に対してどのような監査上の対応がなされたかを理解することができます。監査報告書の透明化が図れることとなるのです。

◆練習問題

1．次の記述のうち，正しいものには○を，間違っているものには×を付し，各々の理由を簡潔に述べなさい。

(1)　監査計画の策定，監査の実施，監査意見の形成は，すべて監査人の専門的判断のもとで行われます。したがって，監査報告書も，監査人が自らの判断で記載内容を決めなければなりません。

(2)　監査基準は，財務諸表に重要な虚偽の表示がないかどうかについて監査を実施することを求めています。したがって，監査対象である財務諸表に重要な虚偽の表示が存在していた場合，監査人は責任を負わなければなりません。

(3)　財務諸表が適正に表示されているか否かの判断基準は，財務諸表が企業会計の基準に準拠して作成されたかどうかにあります。したがって，この要件が満たされていると判断した場合，監査人は適正意見を表明します。

(4)　監査人は，財務諸表に重要な虚偽表示があるという合理的保証を得たからといって，即座に不適正意見を表明するわけではありません。

(5)　財務諸表注記に，期末日後の火災・風水害などによるに重大な損害の発生についての記載がある場合，監査人は，監査報告書に意見不表明を記載します。

2．次の文の空欄にあてはまる語句を入れ，文章を完成しなさい。

監査人は，継続企業の前提に重要な（ア）を生じさせるような事象又は状況が存在すると判断した場合には，当該事象に対して（イ）が行った評価及び対応策について検討し，なお継続企業の前提に関する重要な（ウ）が認められるか否かを確かめなければなりません。

監査人は，継続企業の前提に関する重要な（ウ）が認められる場合，当該事象が財務諸表の（エ）において適切に記載されており（オ）を表明するときは，当該事象を強調するために監査報告書に（カ）を記載しなければなりません。

《解答》

１.

(1)　×　監査報告書は，監査人から利用者への一方的な伝達手段です。監査人が監査報告書の内容を自由に構成し，読者の誤解を招くような記載をすると，監査そのものに対する信頼性が失われます。

(2)　×　財務諸表監査は，二重責任の原則の下に実施されます。二重責任の原則とは，財務諸表の作成に関する責任は経営者にあり，監査人の責任は財務諸表の適正表示に関する意見の表明にあるとするものです。したがって，財務諸表に重要な虚偽の表示が存在しても，そのことをもって監査人に責任があるとはいえません。

(3)　×　財務諸表が適正に表示されているかどうかの判断は，企業会計の基準を重要な判断要素としながらも，形式的な基準準拠性のみならず，財務諸表が会計事象や取引の実態を適切に反映しているかどうかといった適正表示に関する実質的判断が求められます。

(4)　○　財務諸表に重要な虚偽表示があることが判明しても，財務諸表に及ぼす影響が広範でない場合は，限定付適正意見が表明されます。

(5)　×　期末日後の火災・風水害などによるに重大な損害の発生の事実は，次期以降の財務諸表に重要な影響を及ぼす後発事象であるので，財務諸表利用者の判断を誤らせないよう，監査報告書に追記情報として記載されます。

２．ア．疑義，イ．経営者，ウ．不確実性，エ．注記，オ．無限定適正意見，カ．追記情報

第10章 社会を揺るがす経済事件

『まなびの入門監査論』初版および第２版の第１章では，アメリカの総合エネルギー会社エンロン（Enron）の巨額粉飾決算を紹介し，わが国監査制度への影響も説明しました。さらに，同書では，わが国におけるカネボウの巨額の粉飾事件にも学習を進めました。興味のある諸君には，『まなびの入門監査論』第２版を図書館で読むことをおすすめします。

これらの粉飾決算には監査法人が関与していたこともあり，監査法人が，財務諸表の重要な虚偽表示の実現に協力しました。そして証券市場からの制裁を受けて被監査会社が退出し，監査法人が消滅しました。

大きな粉飾決算でも，数年経過すると人々の記憶からなくなります。本章で分析するオリンパス事件や東芝事件もこのテキストが諸君の手許に渡るころには，死語になっているかもしれません。一方，現在，わが国では，企業の統治制度を強化する改革も進んでいます。

本章で，NHKのテレビ報道番組（クローズアップ現代）でとり上げられたオリンパス事件（2011年11月15日）や東芝事件（2015年７月29日）をとり上げ，営利企業の監査の説明を終えることにします。

1　粉飾決算

『広辞苑』によれば，粉飾決算とは，「**企業会計で，会社の財政状態や経営成績を実際よりよく見せかけるために，貸借対照表や損益計算書の数字をごまかすこと**」と説明されています。

粉飾決算は，最近では不正会計とも呼ばれています。どのように表現しようと，粉飾決算は，証券市場の根幹を支える正しい財務諸表を意識的に歪める不正の１つです。粉飾決算は投資家の経済活動に影響を与えたり，国民経済の健全な発展を妨げることにもなります。国は，会社法や金融商品取引法を改正して証券市場を整備しています。証券市場は，ディスクロージャー制度が有効に機能していることが前提になっています。

エンロン事件以降，監査の信頼性を向上させるために，わが国では**図表10－1**のような取組みを行ってきました（平成14（2002）年と平成17（2005）年の監査基準の改訂の具体的内容は，第6章を参照）。企業の不正会計の問題は，監査論で学習すべき重要なテーマです。

図表10－1　監査の信頼性向上への取組み

●平成18（2006）年　会社法の改正

企業不祥事が生じるたびに，コーポレート・ガバナンスが問題になり，監査役の地位の強化を中心に商法改正が行われました。2006年には新会社法が制定され，新会社法は定款において，会社の機関設計が自由に行えるように柔軟化を図りました。また，大会社に対して，取締役会による内部統制システムの構築義務を課しました。そして，内部統制システムに関する規定は，「会社法施行規則」に組み込みました。

●平成19（2007）年　公認会計士法の改正

公認会計士監査をめぐる不祥事，公認会計士監査・監査審査会によるモニタリング活動の結果を踏まえて，組織的監査の中心を占める監査法人制度を中心にして，4年ぶりに，公認会計士法の改正を行いました。具体的には，有限責任監査法人の創設，特定社員制度，課徴金制度の新設，独立性の強化，行政処分の多様化，法令違反等事実発見への対応（金商法193条の3）が改正内容です。

●平成19（2007）年　内部統制基準・実施基準の設定

この基準は，①財務報告に関する内部統制の経営者評価書，②この報告書に対する外部監査の指針を包括的に定めた全文を含め120頁を超える大きな基準です。最初に，Ⅰ）内部統制の定義から始まり，4つの目的，6つの基本的要素，限界，構築へと進み，Ⅱ）有効性の評価，Ⅲ）内部統制監査へと説明は続いています。

●平成19（2007）年　証券取引法を金融商品取引法に内容と名称を変更

戦後制定された4つの法律を廃止し，89の法律を改正し金融商品取引法が制定されました。ディスクロージャー制度の立場から，改正の重要な内容は，財務報告に係る内部統制の強化，四半期開示の法定化，経営者確認等です。

●平成20（2008）年　内部統制報告書に対する監査の開始

内部統制監査は，内部統制報告書の適正性に対して，公認会計士などが内部統制評価基準に準拠しているか否かについて，意見を表明するもの（色々な意見があります）です。国際的状況（米国SOX法）および国内的状況（西武鉄道事件）を契機にして，ディスクロージャー制度の信頼性を確保するために導入されました。

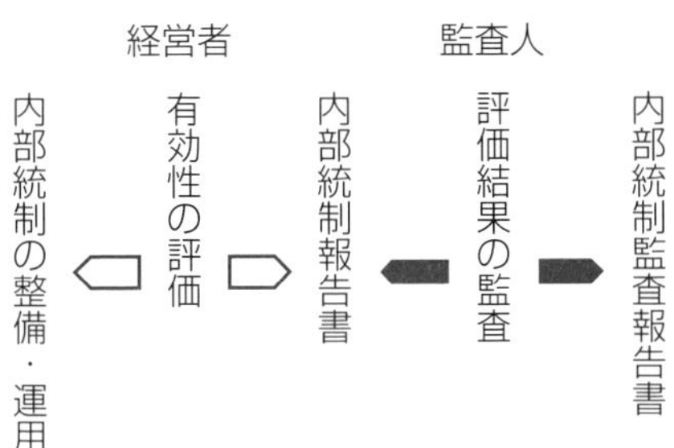

●平成25（2013）年　監査における不正リスク対応基準の公表

さまざまな制度改革を反故にするような経営者主導型の不正事件の発覚は，市場関係者に失望感を与えています。とくに，深い衝撃を与えたのが，20年間経営者不正が隠蔽され続けたオリンパス事件です。対応策の不正リスク対応基準は，上場会社の監査にのみ適用され，基準の内容は，職業的懐疑心の強調，不正リスクに対応した監査の実施，不正リスクに対応した監査事務所の品質管理の明確化を要請しています。

さて，不正の研究では，**図表10－２**に示したドナルド・R・クレッシー教授が提唱し，一般化した**不正のトライアングル**という考え方が有名です。３つの条件が整うと粉飾決算の可能性は高まります。

粉飾決算には，利益捻出型と利益圧縮型があります。後者を逆粉飾とよぶこともあります。経営者が粉飾決算をする動機としては，次のようなものがあります。

1　動機・プレッシャーの存在

①　株式の時価発行によって資金調達を行う場合，経営成績がよければ，株価

図表10－2　不正のトライアングル

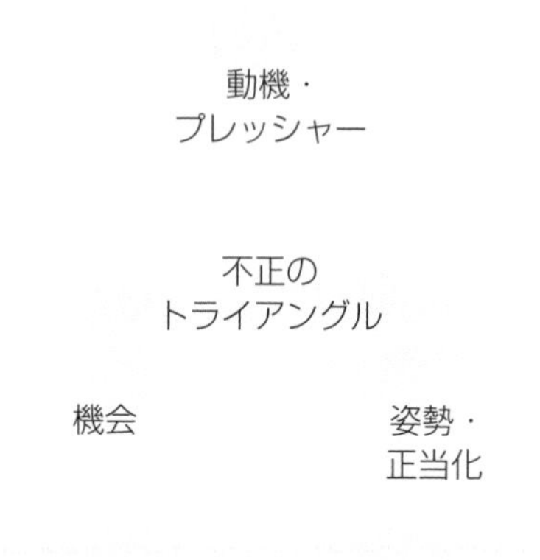

は上昇しますから，多額の資金調達ができること

② 財政状態がよくなければ，銀行からの借入や社債の発行ができないこと

③ 経営者は経営者の地位にとどまりたいために，企業の業績を良く見せかけたりすること

④ 経営者報酬が業績連動型となっている場合，経営者は多額の報酬を得る目的から利益捻出の動機をもっていること

⑤ 債務超過により上場廃止や銀行からの返済要請を受けること

⑥ 利益計上会社ではできるかぎり法人税を少なくしたいこと。つまり法人税額は会社法上の損益計算書をもとに計算され，損金として控除されるためには，費用計上しなければならないこと

この他にも，粉飾決算にはいろいろな動機があります。

2　機会の存在

動機があっても，不正を実行できる機会がなければなりません。粉飾決算は経営者が指示して実行します。会社内部にさまざまなチェックの機構が組み込まれていなければ，不正の実行は可能となります。しかし，コーポレート・ガバナンスや内部統制が有効に機能していれば，粉飾決算の歯止めになります。

また，経営が一人または少数者に支配され，監視が有効でなくなっている場合もあげられます。

3　姿勢・正当化

粉飾決算を実行した経営者が粉飾決算を正当化する姿勢を意味します。たとえば，会社のために，あるいは従業員のために粉飾決算をしなければ，会社が破たんすると主張することです。

これら３つの要素が整うと，不正が行われる可能性が高まります。

2　具体的事例１：オリンパス事件

オリンパスは，東京証券取引所第１部上場会社，大正８年，顕微鏡の国産化その他光学機械の製作を目的として高千穂製作所として旗揚げし，戦後，内視鏡分野に進出しました。

平成23（2011）年３月期の連結売上高は8,471億円，営業利益は354億円，従業員数は34,391人，株主数は17,720人でした。

オリンパス事件は，2011年10月の英国人社長（マイケル・ウッドフォード）の解任劇で社会の関心を集め，翌11月には，委員として弁護士５名，公認会計士１名，補助者50名によって構成される第三者委員会が設置され，12月には185頁にのぼる第三者委員会報告書（日本弁護士連合会）が公表され，翌年１月には監査役等責任調査委員会報告書162頁が公表されました。オリンパスの不正会計の事例研究も数冊の本により明らかにされています。

その後，平成25（2013）年７月に，東京地裁は証券取引法・金融商品取引法違反で，会社に罰金７億円，オリンパス社長（懲役３年，執行猶予５年），過去に財務部長や副社長も務めたこともある元監査役（懲役３年，執行猶予５年），元副社長（懲役２年６ヵ月，執行猶予４年），平成27（2015）年７月に粉飾に協力した企業外部の指南役３名に対して有罪判決（１名懲役４年・罰金1,000万円，１名懲役３年・罰金600万円，１名懲役２年・罰金400万円，追徴金約８億8,400万円）が科され，刑事事件ともなりました。

図表10－3　オリンパスの粉飾のしくみ

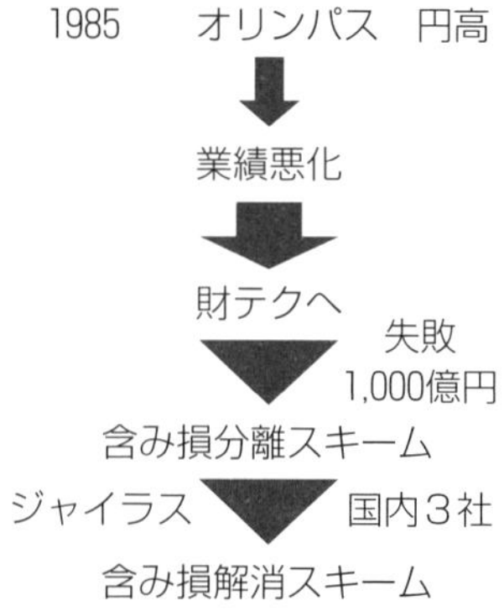

1985　オリンパス　円高
↓
業績悪化
↓
財テクへ
↓ 失敗 1,000億円
含み損分離スキーム
ジャイラス ↓ 国内3社
含み損解消スキーム

上記の指南役が，粉飾決算の実行に大きな役割を果たしたこともこの事件の１つの特徴となりました。もちろん，粉飾の実行者は旧会長兼社長達でした。①含み損の発生，②含み損の分離，③含み損の解消に分けて説明します。

▶金融商品の含み損発生

みなさんは昭和60（1985）年９月22日のプラザ合意を知っていますか。この会議後わずか１日でドルの価値は20円も下落しました。為替相場の調整のために，ニューヨーク・セントラルパークの東南のプラザホテルに先進５ヵ国（米英仏独日）の蔵相が集まって会議を開催したことをきっかけに，為替相場が激変しました。

当時１ドルは240円。その後，１年間でドルは160円まで下落しました。円高です。オリンパスの昭和60（1985）年度の売上高（個別）は1,286億円，営業利益（個別）約68億円，総資産（個別）は551億円でした。翌昭和61（1986）年度の売上高（個別）は1,209億円でしたが，営業利益（個別）は約31億円と半減しました。

そこで，オリンパスは営業利益の減少を売上の増加で穴埋することを断念し，金融資産の運用方法を大きく転換させました。

一方，平成元（1989）年末に日経平均は，史上最高値３万8,915円をつけました。当時オリンパスで，金融資産の運用を担当していた部署は経理部資金グループ，担当者はごく少数の者に限られ，同グループは社長直轄とされていました。

不運は続くもので，増加した金融資産の運用損を取り戻すため，オリンパスは従来の安全な金融資産に加えて，債券，外国債券，株式先物取引および債券先物取引，スワップおよびデリバティブを組み込んだ仕組債の運用も開始し，特定金銭信託（特金）による運用も始めました。特金の残高は平成２（1990）年には36億円，平成４（1992）年に480億円と急激に膨らみました。90年代後半には，日経平均は為替介入により史上最高値の40％にまで落ち込み，オリンパスの含み損の金額は900億円に達するほど巨額になりました。

バブル崩壊により損失をこうむった多くの企業は，損失を公開し，本業に回帰し，選択と集中により業績を回復させました。一方，オリンパスは，金融資産の含み損をオリンパス本体から切り離して先送りしようとしました。いわゆる飛ばしです。

▶金融商品の含み損分離スキーム

平成13（2001）年３月期から金融商品会計基準が強制適用されることが明らかになりました。金融商品に対する**時価評価**の適用です。この通知は50人態勢で監査をしていた会計監査人であるあずさ監査法人からオリンパスの経営陣に知らされることになり，当時，オリンパスでの最優先課題は，残りの含み損をオリンパスから消すことにありました。１つ１つは異なりますが，主に，オリンパスは日本国債や海外の銀行預金を担保にして，評価損を含む金融商品を連

結対象外の場所に移転するため，平成10（1998）年までには，ひそかにカリブ海のケイマン諸島などに受皿ファンドを作りました。

１つはヨーロッパ・ルート（650億円），もう１つはシンガポール・ルート（600億円），さらにもう１つが国内ルート（300億円）でした。大手証券会社の出身の裏社会をよく知っている凄腕OB４人が，闇の協力者としてこの分離スキーム作りを指導しました。1）オリンパスの預金などを担保に銀行から受け皿ファンドに融資させる方法，２）オリンパスに事業ファンドを設立し資金を流す，という２つの方法が考えだされました。

まず最初に考えたのが，含み損の生じている金融商品を簿価で受け皿ファンドに移転させることです。簿価で移転させますから，損益計算書には含み損は計上されません。

平成10（1998）年６月には，日本経済新聞でオリンパスが財テクで失敗し巨額の損失を抱えていると報道され，株価が急落しました。平成11（1999）年９月には，飛ばしをしているという内部通報があずさ監査法人に入りました。そのため，オリンパスでは少し方針を変更し，2000年３月期には，含み損（1,000億円）の一部分を金融資産整理損170億円として有価証券報告書に計上せざるを得なくなりました。しかし，これらは極秘事項とされていました。

その後，オリンパスでは，受け皿ファンドに移転した損失を取り戻すために，余剰資金をさまざまな事業に投資することも考え，実行しました。しかし，逆に巨額の損失をこうむることになりました。そこで，投資による損失の補てんを諦め，損失を解消することを考えました。この考えが次の含み損解消スキームとよばれる企てでした。

▶金融商品の含み損解消スキーム

受け皿ファンドに移転させた金融商品に含まれた評価損をどのようにして解消するか。さらに，維持費用や膨らんだ含み損計1,200億円をどうするか。オリンパス事件では，企業買収を行い，評価損を買収価格に上乗せして『のれん』を発生させ，損失を資産化し，この資産を償却して費用化するというものでした。具体的には，次のように，『のれん』を発生させるため，海外企業の買収と国内企業の買収により実行しようとしました。

平成18（2008）年２月には，イギリスの売上規模500億円，総資産1,000億円のジャイラス（医療機器メーカー）を2,100億円で買収し，４月には，本業とは縁遠い小さいベンチャー国内非上場３社（アルティス：資源リサイクル，ニューズシェフ：化粧品・健康食料品販売，ヒューマラボ：電子レンジ調理容器製造）を610億円で株式取得しました。どの会社も業績は悪く，債務超過会社でした。海外に飛ばした含み損を数年にわたって償却する準備が整いました。そして，償却を実施し，オリンパスは銀行からの借入資金や事業ファンドの出資資金を返済しようとしました。一連の企てが完成しようとする直前に，161ページで述べたイギリス人社長の解任劇が生じました。

そして，有価証券報告書によれば，オリンパスの**ガバナンス**は**図表10－4**のようになっていました。内部監査を担当する内部監査室，監査役会，そして会計監査人もいました。

図表10－4　オリンパスのガバナンス

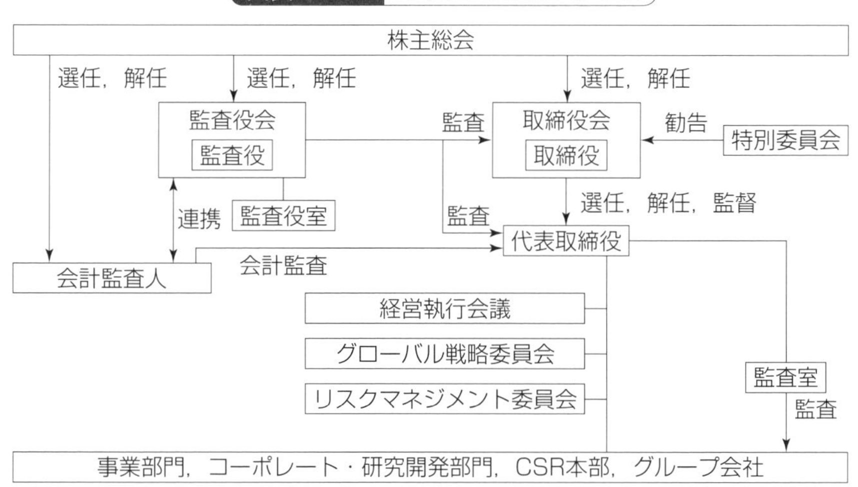

（出所）オリンパス有価証券報告書（2008年３月期決算）。

図表10－5 オリンパスの業績

単位：報酬百万円　売上高と利益は億円，子会社は会社数

年	法人	監査報酬	非監査報酬	連結売上高	連結営業利益	子会社
2009	あずさ監査法人	407	80	9,808	346	199
2010	新日本有限責任監査法人	225	0	8,700	802	180

（注）監査法人は被監査会社に対していろいろなサービスを提供しますが，監査業務以外のサービスから得る報酬を非監査報酬という。

なぜ，20年にもわたって金融商品の含み損の移転と解消スキームは発覚しなかったのでしょうか。第三者委員会報告書は，①歴代３社長・副社長・常務取締役等，少数者で不正を秘密裏に実行したこと，②企業風土・ガバナンス意識に問題があったこと，③損失隠蔽・飛ばしに対する書類や証拠を残さず，ガバナンスが機能していなかったこと，④チェック機関の不十分性，⑤監査法人が機能していなかったこと，⑥外部専門家の委員会による議論の不活発化，⑦情報開示の不十分性，⑧会社の人事ローテーションの無機能化，⑨コンプライアンス意識の欠如，⑩外部協力者の存在など，さまざまな理由をあげています。

平成21（2009）年６月には，オリンパスでは会計監査人の交替がありました。普通，会計監査人の任期は１年，多くの企業では，契約を継続するのが一般的です。

公認会計士法による処分には，公認会計士個人と監査法人に対する処分があります。平成24（2012）年７月６日には，金融庁は有限責任あずさ監査法人と新日本有限責任監査法人に対して，平成20（2008）年の公認会計士法の改正で新たに設けられた監査法人に対する業務改善命令と６ヵ月ごとの改善計画書の提出という行政処分を行いました。

全体としては，監査人の交替があった場合，前任監査人と後任監査人との間で被監査会社が抱えているリスクについて相互で十分な引継ぎをしなければならないとするものでした。

個別には，あずさ監査法人に対する処分理由として，①リスク評価体制が不十分であったために法人本部として実効性のある監査の実施に向けた取組みの

不十分さ，②監査チームと法人本部との連携の不十分さ，③後任監査人の交替に際しての詳細な説明のなさが指摘されました。新日本監査法人に対しては，①国内3社ののれんの減損処理・法人本部でのフォローアップの不十分さ，②前任監査人が把握した問題点についての適切な引継ぎのなさ，③被監査会社のもつ未解決なリスク，が処分理由としてあげられました。

3　具体的事例2：東芝事件

東芝は，明治15（1882）年創業の東京電機と，明治37（1904）年創業の芝浦製作所が昭和14（1939）年に合併して東京芝浦電気となりました。粉飾が発覚する前，東芝の平成20（2008）年度の連結売上高は76,681億円，営業利益は1,274億円，連結従業員数は197,718人，株主数は317,276人でした。すでに説明したオリンパスと比較すれば，8倍程度の規模の会社と考えればよいと思います。

図表10－6　東芝の主要製品

部　門	主　力　製　品
電力・社会インフラ	原子力発電システム，火力発電システム，水力発電システム，燃料電池，発電事業，太陽光発電システム，電力流通システム，計測制御システム，駅務自動化機器，交通機器，電動機，電波機器，官公庁システム等
コミュニティ・ソリューション	放送システム，道路機器システム，上下水道システム，環境システム，エレベーター，エスカレーター，LED証明，照明機器，産業用照明部品，管球，業務用空調機器，コンプレサー，POSシステム，複合機等
ヘルスケア	X線診断装置，CT装置，MRI装置，超音波診断装置，液体検査装置，放射線治療装置，医療画像ソリューション等
電子デバイス	小信号デバイス，光半導体，パワー半導体，ロジックLSI，イメージセンサー，アナログIC，NAND型フラツシュメモリー，ストレージデバイス等
ライフスタイル	テレビ，BDプレーヤー他録画再生機器，パソコン，タブレット，冷蔵庫，洗濯機，調理器具，クリーナー，家庭用エアコン等
その他	ITソリューション，物流サービス等

部門は,「電力・社会インフラ」,「コミュニティ・ソリューション」,「ヘルスケア」,「電子デバイス」,「ライフスタイル」および「その他」から構成され,主力製品は**図表10－6**のとおりでした。

東芝は，平成10（1998）年に執行役員制，平成11（1999）年に事業ごとに独立採算をとる社内カンパニー制，平成13（2001）年社外取締役３名，取締役任期１年，平成15（2003）年委員会等設置会社（現在は指名委員会等設置会社）制度を採用し，経営の執行と監督を分離する超先端企業と考えられていました。また,会計監査人は財務諸表も内部統制も適正という意見を表明していました。

図表10－7　東芝のガバナンス

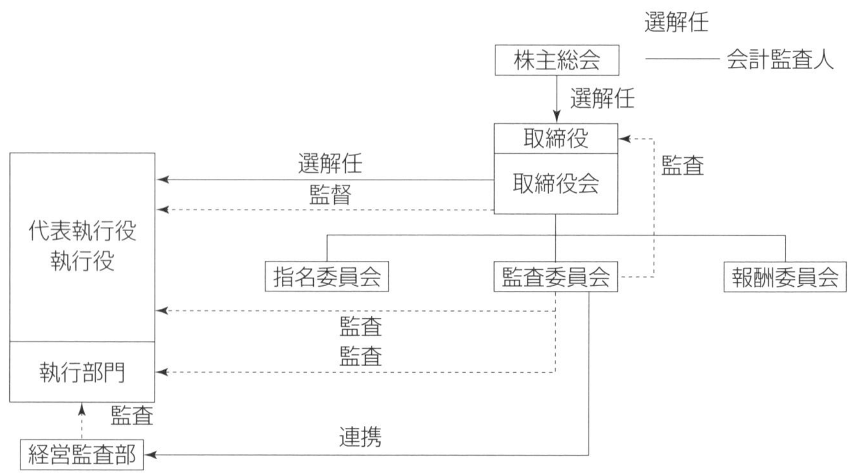

（出所）東芝有価証券報告書（2014年３月決算）一部修正。

ことの発端は，金融庁の証券取引等監視委員会に東芝のインフラ工事に関する不適切な処理についての内部通報が１通届いたことでした。そして，日経新聞の報道によれば，事件は，４月３日から次のような展開をたどりました（日経テレコン21で調査)。

◆平成27（2015）年

２月12日：工事進行基準関連の会計処理などを金融商品取引法第26条に基づ

き証券取引等監視委員会が調査

4月3日：社内で特別調査委員会を立ち上げて，1ヵ月で調査を試みる

5月8日：前期決算発表を延期

5月15日：専門家による調査を本格化するため，弁護士2名，公認会計士2名　他95名（弁護士18名とトーマツ77名）で第三者委員会発足

6月25日：定時株主総会での決算報告を見送り，7月に臨時株主総会開催

7月20日：第三者委員会報告書（パソコン，電力，インフラ，映像）要約版公表

7月21日：第三者委員会報告書（294ページ）全文公表

7月22日：歴代3社長辞任

7月31日：新日本監査法人，東芝の監査を自主検証

8月31日：3月決算再延期，有価証券報告書の提出

9月7日：過年度決算の修正（2,248億円）

9月15日：東証，東芝を特設注意市場銘柄に指定，証券取引等監視委員会が東芝の粉飾決算の調査開始

9月17日：98名の現役・元役員に対して責任の有無を調査するため，弁護士3名で役員責任調査委員会を設置

9月30日：臨時株主総会開催

11月7日：上記5名の役員に対して3億円の訴訟

11月9日：役員責任調査委員会報告書公表

11月17日：米ウェスチングハウス社が2年間の決算で13億ドル（1,600億円）の減損損失を計上していることが判明

12月7日：東芝に対して行政処分として73.7億円の課徴金（社債発行分の72億の課徴金を含む）

12月18日：新日本監査法人に対して3ヵ月新規業務締結停止

12月22日：新日本監査法人所属の公認会計士に対して処分(業務停止：1名6ヵ月，2名3ヵ月，4名：1ヵ月)，監査法人に対して21.1億円の課徴金

◆平成28（2016）年

3月15日：追加の粉飾額58億円発覚

5月20日：個人株主が27億円の株主代表訴訟の訴状を東京地裁に提出

7月7日：東京地検は，刑事責任の追及が困難として証券取引等監視委員会

に通知
7月19日：新日本監査法人の責任を問うために東芝に対して115億円の株主代表訴訟を請求
8月26日：東芝に対して，総額で148億円の損害賠償請求訴訟
9月15日：東芝を特設注意銘柄に指定
11月17日：第1回口頭弁論において，監査法人は注意義務違反があったとする株主の主張に対して争うと主張
12月19日：内部管理体制になお問題があるとして，特設注意銘柄の指定期間を延長

◆平成29（2017）年

1月20日：米原子力事業で最大7,000億円の損失計上の可能性を指摘

平成20（2008）年9月15日には，アメリカのリーマン・ブラザーズが破たんし，同年9月12日（金）に12,200円であった日経平均株価は，2ヵ月後には6,000円台に下落しました。東芝の有価証券報告書（年次）によれば，平成18（2008）年度の連結純利益が1,274 億円だったのに対して，平成19（2009）年度の連結純損失は3,436 億円になり，多額の社債償還のための資金繰りが苦しくなり，さらに，平成23（2011）年3月には東日本大震災が発生し，さらに東芝を取り巻く事業環境が一変しました。**図表10－8**が表しています。

図表10－8　東芝の業績

単位：報酬百万円，売上高と利益は億円，子会社は会社数

年度	監査法人	監査報酬	非監査報酬	連結売上	連結純利益	連結子会社数
2008	新日本	6.9	6.0	76,681	1,274	537
2009	新日本	14.6	0.7	66,545	▲3,436	537
2010	新日本	12.2	0.4	62,816	▲197	542
2011	新日本	11.3	0.8	63,985	1,378	498
2012	新日本	10.7	0.7	61,003	737	554
2013	新日本	10.4	0.6	58,003	775	590
2014	新日本	9.8	0.9	65,025	508	598

さて，**東芝事件**では，どのような会計操作によって2008年から2014年第3四

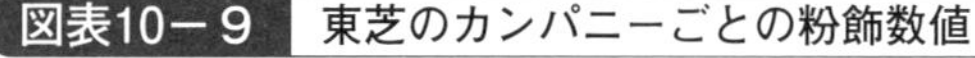

図表10－９　東芝のカンパニーごとの粉飾数値

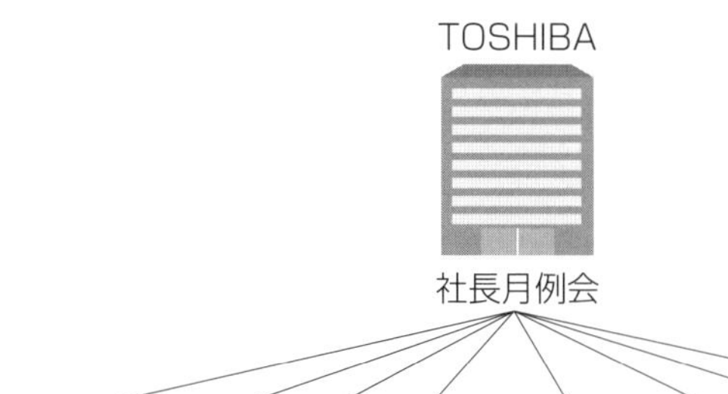

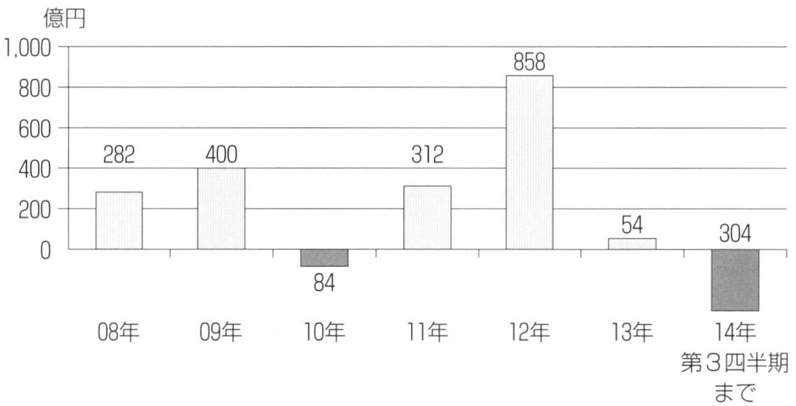

半期まで粉飾が行われたのでしょうか。３代にわたって，社長月例会でが社内カンパニーの長に対して社長から粉飾の指示が行われたようです（チャレンジ：粉飾金額1,518億）。各期の粉飾の金額は，**図表10－９**の通りです。すでに数冊の本が出版されています。なお，簡素化して説明します。

▶工事進行基準（粉飾額477億円）（第三者委員会報告書31-178頁）

第三者委員会報告書の半分以上が工事進行基準に関する事例の説明でした。請負工事に関する粉飾は，２つの方法で実施されていました。１つは収益の過大計上，もう１つが費用の過少計上です。

長期の請負工事に対する収益認識基準には，工事完成基準と**工事進行基準**があります。カンパニーでは，国内および海外での発電所などの建設工事を請け負っていました。完成以前に工事収益総額，工事原価総額および決算日における工事進捗度が合理的に見積もることができれば，工事が数期に及ぶ場合，工事進行基準を適用して収益を認識します。

また，カンパニーは，受注戦略上から損失が見込まれる工事も受注していました。工事期間中に赤字に転落する可能性が高まった案件については受注損失引当金を計上しなければなりませんが，計上がなされていませんでした。為替レートの変動を反映しない費用計上の案件も指摘されています。

▶映像事業における経費の計上（粉飾額88億円）（同報告書179-205頁）

映像事業では，テレビの製造・販売で数度の事業再編をしており，海外事業の不振と地デジ後の買替需要の減少で，営業損失が発生し続けていました。ここでは，キャリーオーバーという手法で粉飾が行われていました。主な手法は，①本来，当期に計上すべき引当金項目を計上しなかったり，②経費計上時期を次の四半期に延期したり，③海外現地法人への販売価格を操作したり，④仕入値引の可能性が低いにもかかわらず，仕入値引を前提とした会計処理が行われていました。

▶パソコン事業における部品取引（粉飾額592億円）（同報告書206-244頁）

粉飾金額がもっとも大きいのが，この部品取引です。

部品取引に関する粉飾の仕組みを知るには，少し会計の知識が必要となります。東芝のPC（パーソナルコン・ピュータ）事業は，台湾のODMメーカーにPCの設計・開発・製造を委託し，CPU，HDD，メモリー，液晶等はまとめて，ベンダー（仕入先）と価格交渉を行って購入し，それを台湾のODMメーカー（外

図表10－10　粉飾のしくみ

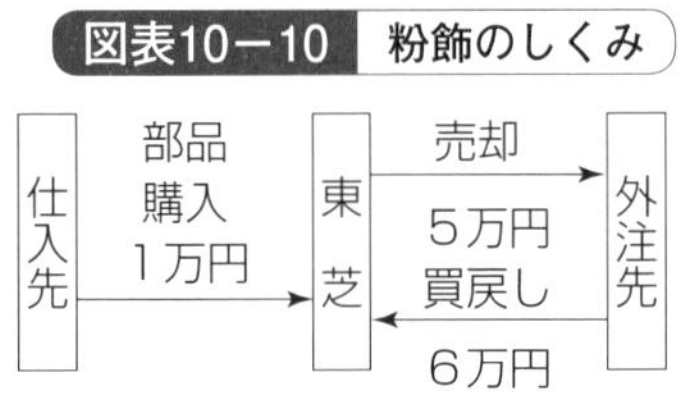

注先）に有償支給しました。この有償支給取引に際し，東芝は調達価格が企業外部の競争業者に漏洩するのを防ぐため，マスキング価格を付しました。有償支給部品には，買戻義務がありました。

さらに，マスキング価格には，利益が加算され，四半期ごとのODMの未使用の部品在庫，ODMの完成品在庫に未実現の利益が含まれました。このマスキング価格は，粉飾が発覚する2013年末には100円の5.2倍にもなっていました。取引の内容は，ひとつひとつは合法ですが，部品が国内の東芝から，外国の台湾に移り，製品になって東芝に戻ってきたにすぎません。このからくり（バイセル取引）を使って，四半期決算前に利益を計上し，決算後にそれを消すという会計操作を行っていました。

▶半導体事業における在庫の評価（粉飾額360億円）（同報告書246-275頁）

半導体は，量的に軽量で，価格は高価です。会計処理は①評価損の計上時点，②原価計算の改訂時点の反映で問題となりました。在庫については，特定顧客/用途向け在庫と部品メーカー向け在庫が存在しました。前者は販売可能性の認識，そして後者は需要予測を見誤ったため生じたものでした。廃棄時点まで評価損を計上しなかったため過大計上になっていました。また，工程別標準原価計算の改訂が，前行程の期末在庫，後工程の期末在庫，売上原価の帳簿価額にも反映されていませんでした。合算配賦法ではなく，工程別配賦法で処理すべきでした。

以上が，東芝の第三者委員会の調査報告書による粉飾決算の内容でした。調査報告書に対して，８名の委員からなる格付け委員会が報告書の内容を評価しています（2015.11.20：A評価０名，B評価０名，C評価４名，D評価１名，F評価３名）。

なお，平成28（2016）年７月８日の日本経済新聞の朝刊によれば，不思議なことに，東京地方検察庁は証券取引等監視委員会に対して，東芝事件を刑事事件として処理しないこととしたと通知したそうです。

＊　　　＊　　　＊

粉飾決算に関する事例研究は，情報を集める手段が限られているため，わが国では多くはありません。

民事事件については，日本コッパース事件（東京地裁，東京高裁）がわが国では最初であり，過去の16件の裁判事例については日本公認会計士協会より事例集（法規委員会研究報告第15号）が公表されています（平成25.6.27）。

刑事事件は，あまり知られていませんが，裁判記録（調書）に基づいて調査するしか方法がありません。東芝事件のように，起訴について，検察と金融庁の見解が異なる場合，学術研究のために利用する第一次の資料がありませんから，事件は闇の中に入ります。

◆練習問題

1．次の記述のうち，正しいものには○を，間違っているものには×を付し，各々の理由を簡潔に述べなさい。

⑴　不正は稀に生じるものではなく，要件が整えば誰でも実行するかもしれません。この考え方は不正のハットトリックとよばれています。

⑵　オリンパスの粉飾の原因は，今から20年も前に生じました。その後，①含み損分離スキーム，②含み損解消分離スキームが実施されました。

⑶　粉飾決算には利益捻出型と利益圧縮型があり，利益を操作することが目的のため，後者は粉飾とはよびません。

⑷　有価証券報告書のコーポレート・ガバナンスの状況の箇所を調査すれば，調査対象会社の組織，監査に関するさまざまな情報，内部統制，連結財務諸表に関する情報を得ることができます。

⑸　有価証券報告書に記載されている連結財務諸表には，記載会社が会計監査人に支払った監査報酬が記載されます。そして，監査報酬には非監査報酬も含めて合算で記載します。

2．次の文の空欄にあてはまる語句を入れ，文章を完成しなさい。

企業が証券取引所に上場して資金調達をする場合，（ア）やその後，毎年（イ）を金融庁に提出する必要があります。提出書類には連結子会社がある場合，財務諸表には子会社を含めた（ウ）を含める必要があります。そして，（ウ）は当該会社と利害関係を有しない（エ）の監査を受けなければなりません。

仮定の話として，当該会社が粉飾決算をした財務諸表に対して，（エ）が適正意見を表明した場合，内閣総理大臣による（オ）を受けることになります。

《解答》

1．

(1)　×　不正のハットトリックではなく，不正のトライアングルとよばれています。トライアングルとは，三角形を意味します。

(2)　○　オリンパス事件はバブル経済の崩壊との関係から生じ，デリバティブ取引から生じた含み損が問題になりました。

(3)　×　粉飾決算の定義からすれば，正しい財務諸表の数値をごまかすことが粉飾決算ですから，利益を圧縮する逆粉飾も粉飾決算ということになります。

(4)　×　EDINETで，具体的な会社のコーポレート・ガバナンスの状況の箇所に記載されている情報にアクセスしてください。公認会計士監査の対象となる連結財務諸表は，記載順序としては次の経理の状況に記載されています。

(5)　×　合算しては記載されません。監査報酬と非監査業務の記載は，最近の改正で実現しました。

2．ア．有価証券届出書，イ．有価証券報告書，ウ．連結財務諸表，エ．公認会計士あるいは監査法人，オ．（行政）処分

第11章 会社以外のさまざまな監査

第10章までは，利益最大化を目指して事業を行う組織体である営利企業を対象とした監査について学習してきました。しかし，組織体は営利企業だけではありません。国や地方公共団体などの政府関連機関や奉仕の精神に立って大衆のサービスに努める非営利の組織体もあります。

では，これらの組織体に対して行われる監査は，営利企業に対するものと同じでしょうか。本章では利益最大化を目標とせず，国民から集めた税金を正しく使う，あるいは公益のためにサービスを無償で提供している組織体の監査について学習します。

本章では，まず①日本国憲法で定められている会計検査院の検査，②地方公共団体に対する監査について学びます。この２つを合わせて公監査とよびます。また，③非営利団体に関する監査についても学習します。

1 会計検査院の検査

1 会計検査院

▶会計検査院の創設

会計検査院は，明治２（1869）年に現在の内閣にあたる太政官に会計官が置かれ，その一部局として設けられた監督司（その後，検査寮，検査局と名称を変更）として初めて誕生しました。そして，明治22（1889）年に大日本帝国憲法が発布され，それを受け同年制定された旧会計検査院法にもとづき現在の組織名称である会計検査院が誕生しました。その後，昭和22（1947）年に日本国憲法が制定され，その第90条の規定にもとづき会計検査院法が同年公布され，現行の会計検査院を創設し，数次の改正を経て現在に至っています。

▶会計検査の主体

会計検査の実施主体である会計検査院は，監督司の時代には太政官（内閣）に直属する財政監督機関として機能し，大日本帝国憲法を受けて創設された会計検査院は，憲法で定めた天皇に直属する独立の官庁として財政監督を行ってきました。現在の日本国憲法にもとづく会計検査院は，内閣（行政）に対して独立の地位を有するとともに，国会（立法），裁判所（司法）のいずれにも属さない独立の立場にあります。これは執行機関である内閣による執行内容やその結果を検査する会計検査院が独立していなければ，その検査結果に不信を抱かれることになるからです。

会計検査院は，意思決定を慎重に行い，判断に公正を期するために，意思決定を行う検査官会議と，検査を実施する事務総局に分けて組織しています。検査官会議は３人の検査官により構成され，会計検査院長は検査官のうちから互選した者を内閣が任命し，会計検査院を代表し，検査官会議の議長となります。また検査官は，両議院の同意を経て内閣が任命し，この任命に対して天皇が認証を行う厳格な方法がとられています。この検査官会議は，３人の検査官による合議制がとられています。これは会計検査院長の独断的な決定や判断を避け会計検査院としての判断の公正・妥当性を確保するためです。

また事務総局は，事務総長官房と５つの局が置かれ，各局が各々割り当てられた対象の検査や庶務等の業務を分担しています。**図表11－１**に会計検査院の組織を図示しました。

図表11－1　会計検査院の組織

- 会計検査院 ------ 会計検査院情報公開・個人情報保護審査会
  - 検査官会議
    - 検査官（院長）
    - 検査官
    - 検査官
  - 事務総局
    - 事務総長
    - 事務総局次長
    - 官　房
    - 第１局
    - 第２局
    - 第３局
    - 第４局
    - 第５局

（出所）会計検査院Webサイト http://www.jbaudit.go.jp/img/jbaudit/chart_soshiki.gif

2　会計検査院の検査

▶検査対象

会計検査院による検査は，日本国憲法第90条「国の収入支出の決算は，すべて毎年会計検査院がこれを検査し，内閣は，次の年度に，その検査報告とともに，これを国会に提出しなければならない。」にもとづいています。その検査対象は，国のすべての会計のほか，国が出資している政府関係機関，独立行政法人などの法人や，国が補助金，貸付金その他の財政援助を与えている都道府県，市町村，各種団体などです。

なお，**図表11－２**に示すように，その検査対象は国の出資との結びつきの程度によって，会計検査院が必ず検査しなければならない「**必要的検査対象**」と，会計検査院が必要と認めるときに検査することができる「**選択的検査対象**」となっており，いずれも国のお金が正しく，有効に使われているかを検査するものです。

図表11－2 検査対象

会計検査院が必ず検査しなければならないもの（必要的検査対象）	国の毎月の収入支出	国会，裁判所，内閣，内閣府ほか11省等
	国の所有する現金及び物品並びに国有財産の受払	
	国の債権の得喪，国債その他の債務の増減	
	日本銀行が国のために取り扱う現金・貴金属・有価証券の受払	
	国が資本金の２分の１以上を出資している法人の会計	該当法人212
	法律により特に会計検査院の検査に付するものと定められた会計	日本放送協会
会計検査院が必要と認めたときに検査することができるもの（選択的検査対象）	国の所有又は保管する有価証券，国の保管する現金及び物品	
	国以外のものが国のために取り扱う現金・物品・有価証券の受払	
	国が直接又は間接に補助金などを交付し又は貸付金などの財政援助を与えているものの会計	継続指定60団体 年度限定指定4,580団体（30年次実績）
	国が資本金の一部（２分の１未満）を出資しているものの会計	継続指定８法人
	国が資本金を出資したものが更に出資しているものの会計	継続指定14法人
	国が借入金の元金や利子の支払を保証しているものの会計	継続指定３法人
	国又は国の２分の１以上出資法人の工事その他の役務の請負人若しくは業務等の受託者又は物品の納入者のその契約に関する会計	89団体（30年次実績）

（出所）会計検査院Webサイト　http://www.jbaudit.go.jp/jbaudit/target/index.htmlより

▶検査の目的

会計検査院には，日本国憲法第90条の規定にもとづき，「会計検査院は，常時会計検査を行い，会計経理を監督し，その適正を期し，且つ，是正を図る。」（会計検査院法第20条第２項）という①**会計経理の監督**，および「会計検査院は，検査の結果により，国の収入支出の決算を確認する。」（同法第21条）という②

図表11－3　決算と検査報告が国会に提出される手続

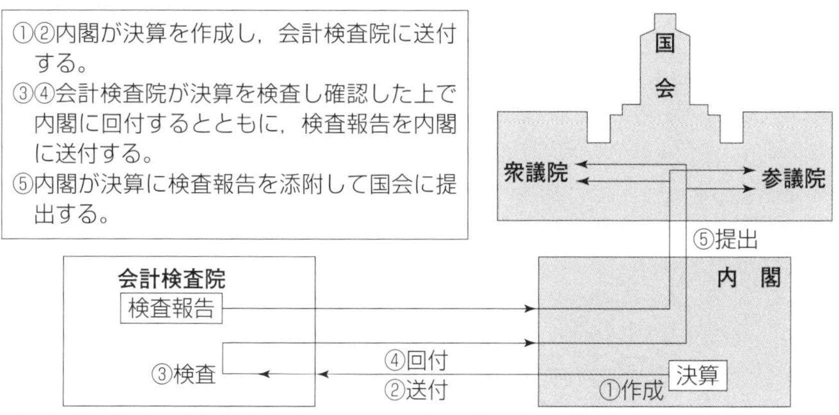

（出所）会計検査院『会計検査のあらまし―平成30年会計検査院年報―』27頁。

決算の確認の２つの目的があります。

ここで①会計経理の監督とは，常時，すなわち経理の終了前の進行途中であっても検査をし，不適切または不合理な会計経理等を発見したときは，たんにこれを指摘するだけではなく，原因を究明してその是正や改善を促すという積極的な機能が与えられています。したがって，会計検査院には，会計経理に関し法令に違反しまたは不当と認める事項や，法令，制度または行政に関し改善が必要と認める事項について，意見を表示しまたは改善の処置を要求する積極的な権限が与えられています。

また，②決算の確認とは，決算の計数の正確性と，決算の内容をなす会計経理の妥当性について検査判定して，検査の終了を表明しています。**図表11－3**に示しているように，内閣は，決算を作成し，会計検査院に送付し，検査が済んだ決算を国会に提出することになっており，会計検査院による決算の確認という公的な意思表明があってこそ，内閣は決算を国会に提出できることになっています。

この決算の確認には，計数上の確認と内容上の確認があります。計数上の確認は，**図表11－4**にあるように，内閣から会計検査院に送付される決算額が日本銀行から会計検査院に送付される歳入金歳出金出納明細書の金額，および

図表11－4　国の収入支出の決算額の確認の手続

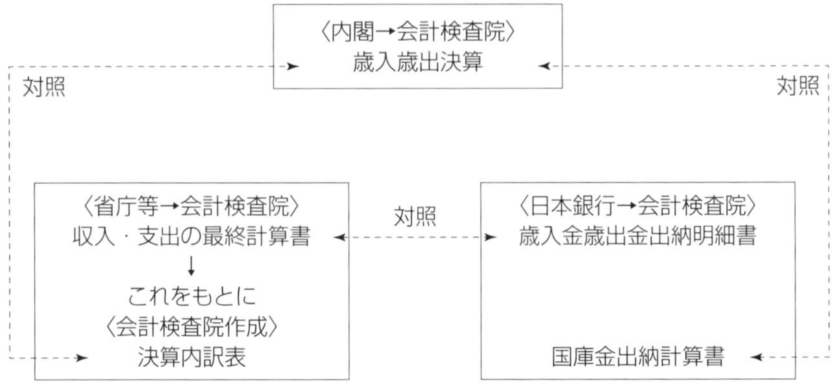

（出所）重松博之・山浦久司責任編集『会計検査制度―会計検査院の役割と仕組み』中央経済社，2015年，90頁。

省庁等の歳入徴収官または支出官から会計検査院に提出される歳入徴収額計算書または支出計算書の金額の三者を突き合せて確認します。この三者は本来一致すべきものですから，一致していないときは，いずれかの金額が間違っていることになります。

また，内容上の確認は，決算内容を示す収入や支出を記帳した会計経理に予算や法令の規定に違反したものがないか，不当，不適切なものがないかに焦点を当てて審議し，結果を検査報告に公表するものです。

▶検査の観点と検査の実施

会計検査院が行う検査は，「正確性，合規性，経済性，効率性及び有効性の観点その他会計検査上必要な観点から検査を行うものとする」（同法第20条第3項）と規定されているように，会計検査は**図表11－5**に示す正確性，合規性，経済性，効率性，および有効性の観点から行われます（他の国や地域では，経済性，有効性，効率性のことを3E，あるいはVFM検査という場合があります）。

具体的に，会計検査は，社会経済の動向等を加味し，策定されたその年の会計検査の基本方針にもとづき検査計画が立てられ，検査対象を決定し，その検査対象から提出された計算書や証拠書類を在庁で検査する**書面検査**と，検査対

図表11－5　会計検査の５つの観点

正確性（Accuracy）	決算の表示が予算執行など財務の状況を正確に表現しているか
合規性（Regularity）	会計経理が予算，法律，政令等に従って適正に処理されているか
有効性（Effectiveness）	事務・事業の遂行および予算の執行の結果が，所期の目的を達成しているかまた効果を上げているか
経済性（Economy）	事務・事業の遂行および予算の執行がより少ない費用で実施できないか
効率性（Efficiency）	業務の実施に際し，同じ費用でより大きな成果が得られないか，あるいは費用との対比で最大限の成果を得ているか

（中心：**検査の対象**）

（出所）会計検査院Webサイト　http://www.jbaudit.go.jp/effort/operation/viewpoint.html

象機関の事務所や事業が実際に行われている現場に出張して行う**実地検査**が５つの観点にもとづき行われます。

▶検査結果の報告

会計検査の結果は，「検査報告」として毎年，内閣に送付します。また，１年に一度の検査報告のみでは国会における決算審査が十分に果たせないことから，会計検査院がとくに必要と認める事項については，随時，国会および内閣に報告することができる「随時報告」も行われています。その他，国会より要請のあった検査を実施し，その結果報告を会計検査院に要請する**検査要請**制度についても，通常の検査報告とは異なる形で行われています。

このように第10章までの営利企業に関して実施される「監査」とは異なり，会計検査院は「検査」という行為を通して国民が納税した税金の使途について５つの観点にもとづいて監査を行っています。

2 地方公共団体（地方自治体）の監査[1]

地方公共団体（都道府県および市町村）に関する監査は，地方自治法に規定されています。

図表11－6 地方公共団体における監査制度

	監査委員監査	包括外部監査
根拠規定	地方自治法195条以降	地方自治法252条の27以降
設　置	必置	都道府県，指定都市，中核市：義務，条例により導入可
定　数	都道府県及び人口25万以上の市：４人，その他の市町村：２人　条例により増員可	１人
資　格	①議選委員	議員
	②識見委員	弁護士，公認会計士，税理士等
任　期	①議選委員は任期まで	１年（連続３期）
	②４年（再任可）	
職　務	財務監査，行政監査	特定の事件の財務監査
着眼点	合規性，３E	合規性，３E

注）指定都市：政令で指定する人口50万以上の都市
　　中核市：政令で指定する人口30万以上の都市
（出所）里見優「地方公共団体の監査制度」『週刊経営財務』No.3221（平成27年７月20日）35頁一部修正。

地方公共団体に関する監査には，内部監査として**監査委員による監査**（地方自治法第195条第１項），外部監査として**包括外部監査**（同法第252条の27第２項）および**個別外部監査**（同法第252条の27第３項）があります。

1　地方公共団体と同義語として地方自治体という表現があります。本章では，憲法，法律用語である地方公共団体を使用しています。

1　地方公共団体における内部監査（監査委員による監査）

監査委員は，公正で効率的な行財政を確保するために地方自治法の規定にもとづき地方公共団体に設置される独任制の機関です。これは，営利企業において一機関として設置される監査役（監査委員会）のようなものです。

図表11－7に示すように，監査委員による監査は，行財政の公正かつ効率的な運営の確保のため，財務に関する事務の執行や経営に係る事業の管理および事務の執行が関係法令や予算に基づき適正に行われているかどうかを監査します。

監査を実施する監査委員には，人格が高潔で，地方公共団体の財務管理，事業の経営管理その他行政運営に関し優れた識見を有する者（**識見委員**），および議員の中から選ばれた者（**議選委員**）について議会の同意を得て地方公共団体の長が選任します。なお，監査委員の独立性，専門性の観点から，条例により議選委員を選任しない場合も認められています。

図表11－7　監査委員による監査等の種類

監査委員が必ず行う監査等
・財務に関する事務の執行および経営に係る事業の管理の監査（年１回以上）〈定期監査〉 ・決算審査 ・例月出納検査 ・基金の運用状況の審査 ・健全化判断比率等の審査
監査委員が任意に，または長等の請求により行う監査等
・財務に関する事務の執行および経営に係る事業の管理の監査（必要がある場合）〈随時監査〉 ・地方公共団体の事務の執行に係る監査（必要がある場合）〈行政監査〉 ・財政援助団体等の監査（必要がある場合または長の請求） ・指定金融機関等の監査（長・公営企業管理者からの請求） ・事務監査請求による監査（住民・議会・長からの請求） ・住民監査請求による監査（住民からの請求） ・職員による現金・物品等の損害事実の有無の監査等（長からの請求）

（出所）総務省Webサイト「地方自治制度の概要」http://www.soumu.go.jp/main_content/000451034.pdf

監査委員による監査は，各地方公共団体の監査委員が定め，公表した監査基準にもとづき実施されます。監査の結果，措置を講ずる必要がある事項については，地方自治体の長などに勧告を行います。勧告を受けた長は，措置を講じ，その措置の結果を監査委員に報告し，監査委員はその内容を公表します（2020年４月１日以降）。

2　地方公共団体における外部監査

地方公共団体における外部監査には，**図表11－８**に示したように包括外部監査と個別外部監査があります。その監査人には，地方公共団体の財務管理・事業の経営管理その他行政運営に関して優れた識見を有する弁護士，公認会計士，税理士または国の行政機関において会計検査に関する行政事務に従事した者あるいは地方公共団体において監査もしくは財務に関する行政事務に従事した者で，監査に関する実務に精通している者が選任されます。

ここで包括外部監査とは，地方公共団体の財務に関する事務の執行および地方公共団体の経営に係る事業の管理のうち，住民の福祉の増進とその経済性，地方公共団体の組織および運営の合理化などを達成するために監査人が必要と認める特定の事件（テーマ）がその対象となります。たとえば，「公有財産の管理運営に関する事務の執行」についての監査があります。この包括外部監査は，都道府県，指定都市および中核市では義務となっており，その他の地方公共団体は条例により任意で実施できます。なお，その他の地方公共団体については，その実施の負担を軽減し，その導入を促進するため，実施年度については条例で定めるなど，毎会計年度の実施は強制されていません。これに対して，個別外部監査は，住民，長，議会から要求があった事項について監査を行うものです。

図表11－8　地方公共団体の外部監査

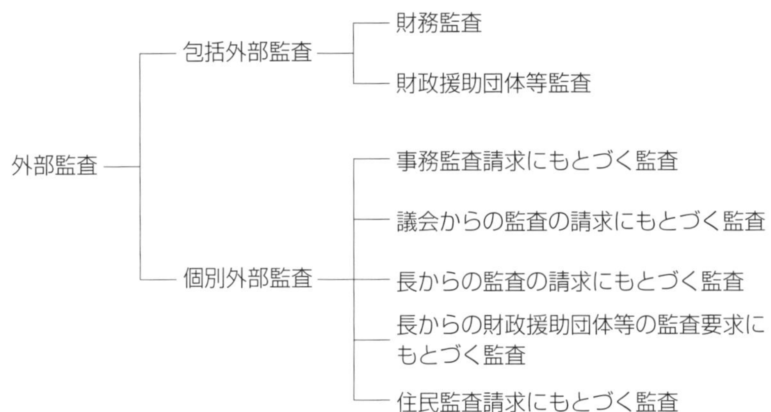

（出所）総務省Webサイト「地方自治制度の概要」http://www.soumu.go.jp/main_content/000451046.pdf

3　非営利団体の監査

第１節と第２節でとり上げた公監査以外の監査としては，非営利団体，すなわち①政府関連組織体に関する監査，②非営利法人に関する監査があります。

1　政府関連組織体に関する監査

本節で学習する政府関連組織体には，第１節で学んだ会計検査院の検査対象も含まれています。言い換えるならば，会計検査院の検査対象でありながら，公認会計士または監査法人の外部監査の対象となっているところもあります。ここでは，政府関連組織体である①独立行政法人，②国立大学法人，③政治団体について学習します[2]。

2　政府関連組織体には，特殊法人が含まれます。しかし，特殊法人はその数が少なく，近年は独立行政法人に組織変更している場合も多いため，本章では割愛しています。

▶独立行政法人

独立行政法人とは，国民生活および社会経済の安定等の公共上の見地から確実に実施されることが必要な事業で，国が直接に実施する必要がなく，民間にゆだねた場合には必ずしも実施されない可能性があるもの，またはその事業を効率的かつ効果的に行わせるために１つの組織体に独占させることを目的として設立される法人です。日本には独立行政法人が約90法人あります。

この独立行政法人に対しては，必要的検査対象として会計検査院が検査を行っています。それとは別に，営利企業の監査役に当たる監事の監査とともに，資本金100億円以上または負債総額200億円以上の独立行政法人の場合には，会計監査人の監査が強制されています。なお，独立行政法人に対する監査の基準は，独立行政法人評価制度委員会会計基準等部会・財政制度等審議会財政制度分科会法制・公会計部会「独立行政法人に対する会計検査人の監査に係る報告書」第６章「独立行政法人に対する会計監査人の監査基準」において定められ，それにもとづいて実施されています。

▶国立大学法人

国立大学法人は，大学の教育研究に対する国民の要請に応えるとともに，高等教育および学術研究の水準の向上と均衡ある発展を図るために国立大学を設置する法人です。この法人は，教育機関として国民の税金をもとにした運営費交付金という運営資金をもとに事業を行っています。したがって，独立行政法人と同様に必要的検査対象として会計検査院が検査を行っています。また，資金の使途，経営責任の明確化の観点から，監事監査に加え，独立行政法人の監査制度を準用した形で，国立大学法人会計基準等検討会議「国立大学法人に対する会計監査人の監査に係る報告書」第６章「国立大学法人等に対する会計監査人の監査の基準」を定め，会計検査人の監査が強制されています。

▶政治団体

政治団体は，国会などで活躍する政治家が中心となって構成される組織体です。政治団体は**政党**，**政治資金団体**，および**国会議員関係政治団体**（**資金管理団体**および**その他の政治団体**）に分けられています。その公認会計士または監査

図表11－9　政治団体の種類と外部監査の状況

	政　党	政治資金団体	国会議員関係政治団体	
			資金管理団体	その他の政治団体
意　義	政治団体のうち以下のいずれかの要件を満たすもの ・所属国会議員5人以上 ・直近の国政選挙等で得票率2％以上	政党のため資金を援助することを目的とする団体で，政党が指定し，総務大臣に届けたもの	公職の候補者がその者のため政治資金の拠出を受けるべき団体として指定したもの	左記以外の政治団体（たとえば後援会等）で，主たる事務所の所在地の都道府県選挙管理委員会に設立届を提出したもの
外部監査	必要（政党交付金を受けた場合）	該当なし	登録政治資金監査人による監査	

（出所）日本公認会計士協会東京会編「改訂版 非営利法人の決算と開示ハンドブック」税務研究会出版局，2005年11月，387頁の図表を加筆，修正。

法人による監査については，団体により異なっており，特に国会議員関係政治団体は，弁護士，公認会計士，税理士が登録できる**登録政治資金監査人**による監査が実施されています。

2 非営利法人に関する監査

非営利法人は，営利企業のように利益最大化を目的とせず，他の目的（ミッション）を有する政治関連組織体以外の組織体です。この非営利法人には，学校法人や医療法人などの広く一般の利益（公益）を目的とした法人や，労働組合，共済組合，協同組合など組合員等の限られた者の利益のために活動をする組合組織があります。ここでは，(1)非営利法人とその監査の概要とともに，(2)組合の一例として農業協同組合の監査を学習します。

▶非営利法人とその監査

非営利法人には，**図表11－10**に示す10種類の法人があります。

図表11－11に示すように，これらの非営利法人に対する監査は，法人の規模や性質によって異なっています。営利企業の監査役（監査委員）に当たる監事監査は，多くの法人において設置されており，業務執行の状況の監査や財産の状況の監査が行われています。また，公認会計士や監査法人による監査が，任意となっている法人もありますが，法人の透明性の観点から任意で実施する法人が増えています。その中で経常費補助金を受ける学校法人については，会計検査院による必要的検査対象の１つである日本私立学校振興・共済事業団の検査と関連して，国民の税金が配分されている観点から公認会計士または監査法人の監査が強制されています。さらに，これらの非営利法人に対しては，監督官庁等が立入検査や指導を行っています。なお，非営利法人の監査にあたっては，営利企業における監査基準にもとづき実施されます。その実施にあたっては，非営利法人の独自の環境など（医療法人の場合，医療事故などのリスク）を考慮に入れた監査が実施されています。

▶農業協同組合の監査

農業協同組合（以下，農協とする）は，農業者（農民または農業を営む法人）が，農業生産力の増進およびその経済的社会的地位の向上を図り，もって国民経済の発展に寄与することを目的として設立される組合です。**図表11－12**に示すように，生産資材等の共同購入や農産物等の流通や加工，農業に関する指導な

図表11－10　非営利法人

一般社団法人	公益性がなくとも非営利の目的をもって準則主義にもとづき設立する社団法人
一般財団法人	公益性がなくとも非営利の目的をもって準則主義にもとづき設立する財団法人
公益社団法人	一般社団法人のうち公益認定法にもとづいて行政庁から公益性を認定された社団法人
公益財団法人	一般財団法人のうち公益認定法にもとづいて行政庁から公益性を認定された財団法人
特定非営利活動法人（NPO法人）	ボランティア活動をはじめとする市民が行う自由な社会貢献活動としての特定非営利活動の健全な発展を促進し，もって公益の増進に寄与することを目的として設立される法人
医療法人（特別・社会医療法人を含む）	広く国民を対象として，生命，健康の増進を目的として病院，診療所，介護老人保健施設などを開設する法人
社会福祉法人	広く国民を対象として，個人の年齢や障がいの有無に関わらず，家庭，地域の中で安心して生活できるように支援する社会福祉事業を行うことを目的として設立される法人
宗教法人	宗教の教義をひろめ，儀式行事を行い，および信者を教化育成することを主たる目的として設立される法人
学校法人	私立学校を設置し，教育，研究を行うことを目的として設立される法人
更生保護法人	改善更生のための保護を必要としている者に更生保護施設に収容して宿泊場所を供与し，教養訓練，医療または就職を助け，職業を補導し，社会生活に適応させるために必要な生活指導を行い，生活環境の改善または調整を図る等その改善更生に必要な保護を行う事業を行うことを目的として設立される法人

注）その他の法人として地域医療連携推進法人がある。これは，地域医療提供体制を整備するために同一地域の医療法人や社会福祉法人などが連携して設立する法人である。一般社団法人として設立し，各都道府県が地域医療連携推進法人として認定する仕組みになっている。

どを行う日本全国の農協などが集まった全国農業協同組合連合会（JA全農）を組織するとともに，全国農業協同組合中央会（JA全中）によりJAグループ全体が統括されています。

農協および全国農業協同組合連合会（以下JAとする）に関する監査は，これまでJA全中の中に設立されていたJA全国監査機構の農業協同組合監査士が監

図表11－11　非営利法人における監査

法人名	監事監査	外部監査
一般社団法人	任意（理事会設置または会計監査人設置の場合は必置）	任意 （大規模法人は会計監査人が必置）
一般財団法人	必置	任意 （大規模法人は会計監査人が必置）
公益社団法人	必置	以下の①～③の場合，会計監査人が必置 ①　最終事業年度に係る損益計算書の収益の部の額が１千億円以上 ②　費用及び損失の額が１千億円以上 ③　貸借対照表の負債の部計上額が50億円以上
公益財団法人	必置	
特定非営利活動法人（NPO法人）	必置	任意
医療法人（特別・社会医療法人を含む）	必置	負債の合計額が50億円（社会医療法人は，20億円）以上または事業収益の部の合計額が70億円（社会医療法人は，10億円）以上は強制
社会福祉法人	必置	収益10億円または負債20億円を超える場合，強制（2019-20年度は収益20億円または負債40億円）
宗教法人	任意	任意
学校法人	必置	私立学校振興助成法にもとづき経常費補助金が1,000万円以上の場合は強制
更生保護法人	必置	任意

注）地域医療連携推進法人については，監事の必置および外部監査が強制されている。

査を実施していた。この農業協同組合監査士の監査は，外部監査との位置づけでしたが，JA全中の中に組織され，批判的監査のみならず，指導を行うなどその独立性が問題とされていました。

これを受け，2019年度以降は，貯金量200億円以上のJA，負債200億円以上の連合会は，本書で学習した営利企業や非営利法人などと同様に公認会計士ま

図表11－12　JAグループの組織図

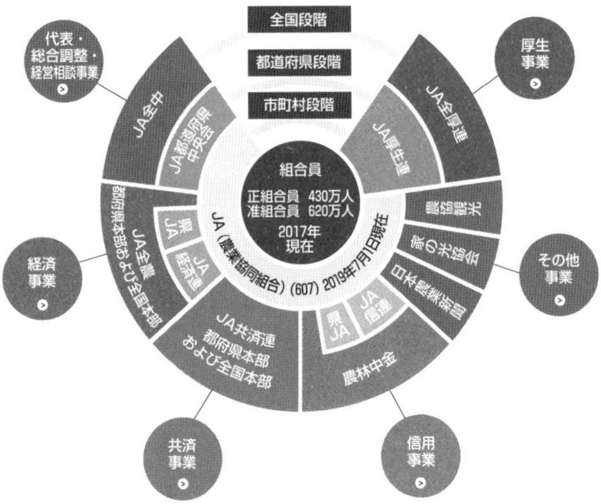

（出所）JAグループWebサイトhttps://org.ja-group.jp/about/group

たは監査法人が監査を実施することになりました。

◆練習問題

1．次の記述のうち，正しいものには○を，間違っているものには×を付し，各々の理由を簡潔に述べなさい。

(1)　会計検査院による検査は，公的な資金が投下されているすべての機関に対して毎年実施されています。

(2)　地方公共団体の外部監査には，包括外部監査と個別外部監査があります。

(3)　独立行政法人や国立大学法人の政府関連組織体は，会計検査院の検査を受けている場合，公認会計士または監査法人の監査は免除されます。

(4)　学校法人に関する監査は，国または都道府県より一定額以上の補助金を受け取っている場合に強制適用となります。

(5)　農協協同組合に対する監査は，農業協同組合監査士が実施をしています。

2．以下は公監査についての文章です。次の文の空欄に適切な語句を入れて，文章を完成しなさい。

公監査には，（ア）および（イ）があります。（ア）には，常時会計検査を行い，会計経理を監督し，その適正を期し，且つ是正を図るという（ウ）および検査の結果により，国の収入支出の決算を確認する（エ）の２つの目的があります。また，（イ）には，内部監査としての（オ）と外部監査としての（カ）と（キ）があります。

《解答》

１．

⑴　×　会計検査院の検査には，国の出資との結びつきの程度にもとづき会計検査院が必ず検査しなければならない「必要的検査対象」と，会計検査院が必要と認めるときに検査することができる「選択的検査対象」が対象となっています。そのため，国のお金が投下されているすべての機関が検査の対象になっているわけではありません。

⑵　○　地方公共団体における外部監査には地方公共団体の財務に関する事務の執行および地方公共団体の経営に係る事業の管理のうち，住民の福祉の増進とその経済性，地方公共団体の組織および運営の合理化などを達成するために監査人が必要と認める特定のテーマが対象となる包括外部監査と，住民，長，議会から要求があった事項について監査を行う個別外部監査があります。

⑶　×　独立行政法人や国立大学法人の政府関連組織体は，会計検査院の検査対象となっていても規模等により検査の免除される場合があります。しかし，公認会計士または監査法人の監査は免除されません。その理由は，会計監査院の検査と公認会計士または監査法人の監査がそれぞれ異なる視点で行われているところがあるためです。

⑷　○　私立学校振興助成法にもとづく学校法人に関する監査は，国または都道府県より経常費補助金を受けている場合に強制されます。なお，補助金額が1,000万円に満たない場合や補助金を助成されていない場合には，所轄庁の許可を受けた場合には外部監査の実施は強制されません。

⑸　×　2019年度の監査より，貯金量200億円以上のJA，負債200億円以上の連合会に対する監査は農業協同組合監査士に代わって，営利企業と同様に公認会計士または監査法人が監査を実施するようになりました。

２．ア．会計検査院による検査，イ．地方公共団体（地方自治体）に対する監査，ウ．会計経理の監督，エ．決算の確認，オ．監査委員監査，カ．包括外部監査，キ．個別外部監査

索　引

英　数

あ　行

か　行

さ　行

た 行

な 行

は 行

ま行

や行

ら行

《編著者紹介》

盛田　良久

元愛知大学経営学部教授　神戸商科大学大学院経営学研究科修士課程修了　経営学博士（神戸商科大学）　公認会計士試験委員を歴任

百合野正博

同志社大学名誉教授　同志社大学大学院商学研究科修士課程修了　博士（商学）（同志社大学）　公認会計士試験委員を歴任

朴　大栄

桃山学院大学ビジネスデザイン学部教授　神戸大学大学院経営学研究科博士課程単位取得

はじめてまなぶ監査論（第2版）

2017年3月25日　第1版第1刷発行
2019年9月1日　第1版第5刷発行
2020年3月30日　第2版第1刷発行
2023年2月20日　第2版第7刷発行

編著者　盛田良久
百合野正博
朴　大栄
発行者　山本　継
発行所　㈱中央経済社
発売元　㈱中央経済グループパブリッシング

〒101-0051　東京都千代田区神田神保町1-31-2
電話　03（3293）3371（編集代表）
03（3293）3381（営業代表）
https://www.chuokeizai.co.jp
印刷／三英印刷㈱
製本／㈲井上製本所

＊頁の「欠落」や「順序違い」などがありましたらお取り替えいたしますので発売元までご送付ください。（送料小社負担）

ISBN978-4-502-34211-0　C3034